EL CLAMOR DE MI PUEBLO
Desde El Cautiverio En América Latina

Por

Esther y Mortimer Arias

Dijo luego Jehová:
  Bien he visto la aflicción de *mi pueblo*
          que está en Egipto,
  y he oído *su clamor*
          a causa de sus exactores;
pues he conocido sus angustias
  y he descendido para liberarlos
          de mano de los egipcios,
          y sacarlos de aquella tierra
          a una tierra buena y ancha,
          a tierra que fluye leche y miel. . .

Exodo 3: 7-8

Friendship Press · New York
y
Casa Unida de Publicaciones, S.A. · México, D.F., México.

i

Traducido por Esther y Mortimer Arias y Ana E. Martinez, editora.
Con la colaboracion de Hugo L. Lopez.

Library of Congress Cataloging in Publication Data

Arias, Esther, 1923-
    El clamor de mi pueblo.

Translation of: The cry of my people.
Includes bibliographical references.
1. Latin America – Social Conditions – 1945. 2. Latin America – Economic Conditions – 1945. 3. Church and social problems – Latin America. 4. Liberation theology. I. Arias, Mortimer, joint author.
II. Title. HN110.5.A8A6318   980'.3   81-4816
ISBN 0-377-00105-8 (Friendship Press) AACR2

Copyright © 1981 by Friendship Press, Inc.

Editorial Office: 475 Riverside Drive, Room 772, New York, NY 10115
Distribution Office: P.O. Box 37844, Cincinnati, OH 45237

Printed in the United States of America

CONTENIDO

EL ARTISTA

Walter Solón Romero, muralista boliviano, fue galardoneado con el Premio Nacional de Arte de Bolivia en 1961. Romero es muy conocido en los círculos internacionales de arte y ha expuesto sus obras en casi todas las capitales del mundo.

En la ciudad de Sucre fundó Romero "Anteo", una agrupación para artistas e intelectuales convirtiéndose luego en la primera escuela boliviana para muralistas. Sus miembros han influenciado el curso de la pintura boliviana contemporánea.

Romero cursó sus estudios en la Escuela de Bellas Artes y la Escuela Nacional de Maestros en Bolivia, en la Facultad de Artes Plásticas de la Universidad de Chile y en el Taller do Grabados del Museo de Arte Moderno en Rio de Janeiro. Continuó sus estudios a través de los proyectos de la UNESCO en el Japón, la India, Egipto y Grecia.

Su arte es un testimonio personal del "clamor de mi pueblo" (su propio hijo fue torturado y asesinado en prisión) en esta década de cautiverio.

Prólogo

Esther y Mortimer Arias nos han hecho un gran favor con su libro. Es uno de los escritos de mayor relevancia para los cristianos de las Américas. Inicialmente preparado y publicado para lectores de Estados Unidos interesados en Latinoamérica, su obra rompe estereotipos y destruye la inocencia cruel de los cristianos estadounidenses respecto al atropello masivo en contra del pueblo latinoamericano. Era intención de los Arias que su trabajo también fuera traducido al español para su mayor circulación en las Américas. El enfoque fuertemente bíblico y teológico, aunado a un análisis social, político y cultural confundente, exige una respuesta solidaria de todos los lectores.

Precisamente en el momento que la versión inglesa comienza a ser estudiada entre miles de cristianos de Norteamérica, se da otro golpe militar en Bolivia, el terruño amado y trágico de los Arias. Nuestro hermano Mortimer es aprehendido por los bárbaros golpistas, junto con docenas de otros dirigentes eclesiásticos católicos y protestantes. Gracias a la inmediata avalancha de cartas y telegramas de protesta, se ve obligado el gobierno a liberar a los cautivos más prominentes, entre ellos a Mortimer Arias, quien es forzado al exilio. Desgraciadamente quedan cientos de cristianos desaparecidos. Ellos no cuentan para los salvajes castrenses.

Lo que más impresiona a este lector, es que "el clamor de mi pueblo" se hace clamor en la vida misma de los autores. He aquí un caso de los muchos entre cristianos latinoamericanos en quien la verdad se hace carne—carne sufriente y por ello solidaridad con el Cristo pobre y hostigado de las mayorías. Esta es la clase de verdad que hace libre a los cautivos y a los exilados.

Por tiempo demasiado largo, la historia de nuestros pueblos quebrantados de América Latina ha sido escrita desde arriba, desde la cima del poder. Los Arias escriben desde abajo, desde la perspectiva de las víctimas del poder norteamericano y sus aliados: los oligarcas herodianos del continente.

No importa cuantos hayan sido los análisis aplastantes que hayamos leídos, el libro de los Arias nos pone al borde de las lágrimas. ¡Cuánto sufrimiento innecesario y masivo se desvela como consecuencia del imperio neo-colonialista y su doctrina corolaria del sistema de seguridad nacional!

Sin embargo, el clamor de las víctimas ya no es el silencio de la represión o el grito desesperanzado del olvido. Por el contrario, los oprimidos rompen con la cultura del silencio e irrumpen en las historia como fuerza arrolladora de trasformación porque han oído al fin la buena nueva liberadora de Jesús que hace una opción preferencial por los pobres. Es en ellos, como lo cuentan los Arias, que el reinado de Dios se va haciendo historia, generando el amor y la justicia necesarios para la paz.

Si quedamos al borde de las lágrimas o caemos en el llanto, es la señal de que el Espíritu de Jesucristo nos está convirtiendo al verdadero Evangelio, ese que comienza en solidaridad con los marginados. Las luchas de liberación ya no son mera emancipación personal, sino la promesa de la trasformación más radical que el mundo haya visto.

Nosotros, los ''hispanos'' que vivimos en Estados Unidos, somos interpelados directamente por la verdad inspiradora y desgarrante que los Arias patentizan en su vida y mensaje. Mayor aún es su desafío porque las mujeres son punto focal de su trabajo.

Al escribir estas líneas presenciamos un recrudecimiento del militarismo estadounidense. Con toda clase de ''pruebas'' se nos quiere convencer que el clamor de nuestro pueblo es una sublevación de grupos subversivos. Lo curioso es que lo es, pero no por las razones que se nos dan. Es todo lo contrario. Es simple y sencillamente el cumplimiento del Magníficat de María y de la presión del reinado de Dios sobre todo lo que es injusto y malévolo. Esta ''subversión'', los Arias nos dicen, es invencible porque es Jesús quien la dirije. Quiera Dios esta sea la interpretación de este confundente libro.

Jorge Lara-Braud, Director
Consejo de Teología y Cultura
Iglesia Presbiteriana de E.E.U.U.

"Don Quijote distrae a los perros atacantes por medio de las palomas de la esperanza," por Solón.

Prefacio

¿Por qué América Latina?

¿Por qué estudiar América Latina? Para los lectores cristianos de los Estados Unidos de América y Canadá hay tres respuestas obvias: 1) porque lo que sucede a nuestro vecino al sur del Río Grande nos afecta a todos; 2) porque el cristianismo está en juego en América Latina hoy, y la misión cristiana está al borde de una transformación radical en su historia; 3) porque como cristianos estamos llamados a cuidar de todos, amando y acercándonos más a nuestro prójimo.

Hace unos cuantos años, algunas iglesias en los Estados Unidos, a través de sus Juntas de Misiones, auspiciaron un comité de estudio sobre América Latina, cuyas conclusiones fueron publicadas en un folleto titulado, *América Latina: ilusión o realidad?* El folleto comienza con este cuadro:

> A nuestro sur se está asomando un hemisferio, un gigante que está empezando a despertar, a levantarse, a mirar a su alrededor, a sentir su hambre y a estirar sus músculos. América Latina, tierra de inmensa belleza e increíble pobreza, tierra de una pequeña y reluciente clase dirigente y de una gran oprimida y explotada clase de campesinos. Y entrelazados en el tejido de América Latina están los "yanquis": turistas, militares, hombres de negocios, políticos, ricos norteamericanos con grandes posesiones privadas de tierra, y ricas compañías norteamericanas con grandes operaciones en América Latina. También están los misioneros.[1]

América Latina, con un territorio de 18 millones de kilómetros cuadrados (similar a los Estados Unidos y Canadá juntos), es un gigante en crecimiento. Con una población de 200 millones en 1950, ha alcanzado unos 350 millones en 1980, y tendrá 600 millones de habitantes en al año 2000. Canadá y los Estados Unidos tienen una población conjunta de 230 millones que llegará a 312 millones al final de este siglo.

A pesar de todas nuestras diferencias, nosotros, los habitantes de este hemisferio, estamos navegando en el mismo barco. Algunos de nosotros viajamos en primera clase, muchos en segunda o tercera clase, mientras que millones viajan en las bodegas de este barco continental. Unos pocos están sobre cubierta o en la cabina del comandante, algunos laboran en la sala de máquinas y aún otros disfrutan del restaurant o salón de baile. No importa cuál sea nuestra posición, nuestro ingreso, nuestra dieta o nuestras diversiones. En este barco continental viajamos todos: o navegamos juntos o juntos nos hundiremos. No nos atrevemos a ignorar las condiciones de los demás, mientras cabalgamos sobre las olas en este gigantesco *Titanic* de las Américas.

La última década ha sido dura para nuestro pueblo al sur del Río Bravo, en términos de frustraciones políticas, de explotación económica, de opresión social y de represión militar y policial. ¡Hemos estado viviendo en cautiverio en nuestra propia tierra! Y, desde el exilio y desde el cautiverio, así como en la Biblia, ha nacido una nueva teología: la teología de la liberación. Hemos estado redescubriendo el Dios del Exodo, el Dios Liberador. Desde las profundidades de la opresión y la represión, puede ser que tengamos algo que compartir con los cristianos del Norte, algo de lo que el Señor nos ha estado diciendo a través de esta experiencia espantosa.

El clamor de mi pueblo

"He oído el clamor de mi pueblo" dijo el Señor a Moisés. La primera y decisiva revelación de Dios en la Biblia es que Dios se preocupa por la gente que sufre, por la gente insignificante, por los esclavos, por los pobres y oprimidos. Este Dios no está allá arriba en el Monte Olimpo como los dioses griegos. Desciende a las profundidades de nuestra condición y de nuestro sufrimiento. No es un Dios sordo, o ciego o indiferente: "yo he *visto* la aflicción de mi pueblo esclavo. . . Yo *conozco* sus sufrimientos y he *descendido para liberarlos* de los egipcios, y para sacarlos a una tierra buena y ancha, una tierra que fluye leche y miel. . . Ven, te enviaré a Faraón para que *saques a mi pueblo*" (Exodo 3:7-10; 6:5-8).

Los cristianos en América Latina están empezando a oir "el clamor de mi pueblo". Y, por consiguiente, están empezando a conocer mejor al Dios Liberador de la Biblia, y a reconocer al Cristo encarnado en los rostros de los pobres que sufren. Algunos de los obispos católicos brasileños, al enfrentar las condiciones inhumanas del pueblo en el Nordeste, se sintieron como Moisés frente a la esclavitud intolerable de su pueblo, y trataron de responder al llamado liberador de Dios en una forma similar. Dijeron en un documento ahora famoso:

ix

Estas palabras del Exodo, dichas por Dios a Moisés, son una expresión adecuada a nuestros sentimientos en estos días (Exodo 3:11-12; 4:12). Frente al sufrimiento de nuestro pueblo, humilde y oprimido por siglos, nos sentimos llamados, por la palabra de Dios, a asumir una posición tomada en común con todos aquellos que se comprometen con el pueblo y su verdadera liberación.

Siguiendo los pasos de Moisés, queremos cumplir, juntamente con el pueblo de Dios, nuestra misión de pastores y profetas. Estamos obligados a hablar por la palabra de Dios, que juzga los acontecimientos de la historia. De esta manera hemos tratado de comprender el clamor de nuestro pueblo, los hechos diarios y los acontecimientos de un pueblo que sufre fenómenos que nos obligan a un serio estudio de nuestra situación humana.

Somos concientes de nuestras frecuentes omisiones e incertidumbres en el curso de la historia de nuestra iglesia. . . Nos sentimos impotentes y asombrados ante una tarea tan gigantesca. Espontáneamente repetimos la pregunta de Moisés a Jehová: "¿Quién soy yo para ir a Faraón?". Pero también sentimos una fuerza que nos viene desde arriba, la gracia de Aquel que nos ha llamado y nos ha enviado: "Dios respondió: Yo iré contigo. . . Ve, y yo estaré en tu boca y te enseñaré como debes hablar".[2]

El grupo ecuménico de los Estados Unidos y Canadá que decidió la publicación de este libro quizo lograr "un serio estudio de nuestra situación humana en América Latina". Confiemos que a través de las páginas siguientes, que surgen del cautiverio en América Latina durante los últimos 10 años, ustedes puedan oir también con nosotros "el clamor de mi pueblo". Y, con la ayuda de Dios puedan compartir y responder a su lucha por una liberación total, de acuerdo al propósito de Dios para su pueblo.

Esther y Mortimer Arias
La Paz, 30 de agosto, 1979

I

¿DONDE ESTA MI PROJIMO?
Detrás de los datos y las cifras

Concientizarse, identificarse y actuar responsablemente: ¡He aquí el desafío para los cristianos de nuestros tiempos! Pero ¿cómo podemos tomar conciencia? ¿Son los datos y las cifras suficientes? Los auspiciadores de este libro esperan que este estudio pueda ayudar a los cristianos residentes en los Estados Unidos a identificarse con los pueblos oprimidos y que, al entender los valores de otros pueblos, puedan valorar sus propias costumbres, su cultura y sus presuposiciones políticas y económicas. Los intercambios culturales muchas veces ayudan a comprender las diferencias de cada cual. Pero, ¿cómo podemos identificarnos con un pueblo tan diferente al nuestro? ¿Cómo entender la opresión de un pueblo, si no compartimos su suerte? ¿Hasta que punto podemos identificarnos con ellos? Y, ¿cómo podemos responder si no tenemos conciencia ni nos identificamos con lo que ocurre en otros lugares?

El primer paso es *tomar conciencia,* como el buen samaritano que vió al hombre en el camino. El sacerdote y el levita también lo vieron pero "se pasaron de un lado". Se dieron cuenta del hombre despojado, golpeado y medio muerto sobre el camino, pero como no se *identificaban* con él, no *respondieron* con la acción necesaria. No vieron en él a su "prójimo"; no lo consideraron su "prójimo". Para identificarse con el prójimo hay que comprender su situación, sentir con él, ponerse uno en su lugar. El samaritano "viéndole, tuvo *compasión* de él". Mas aún, hay que *cruzar al otro lado del camino* para poder atravesar barreras. El samaritano *cruzó al otro lado del camino* y "acercóse a él". En aquellos pocos pasos cruzó las barreras raciales, religiosas y sociales que separaban al samaritano del judío (Lucas 10:29-37).

Es decir, *para identificarnos con el oprimido tenemos que cruzar*

1

fronteras. Gustavo Gutiérrez, el teólogo peruano de la liberación ha dicho que para servir a Cristo en el prójimo, como Jesús nos dijo en el evangelio (Mateo 25:3-46), tenemos que cruzar de "nuestro mundo" al "mundo del otro" en quién Cristo nos espera. Amar a nuestro prójimo no significa solamente amar al prójimo "cercano" o al individuo que se cruza en mi camino. Significa también amar al prójimo "lejano", el que pertenece a otra clase, raza, sexo, grupo o nación. Es el prójimo que está entre las masas oprimidas y sin rostro. Es en su mundo donde yo tengo que entrar, y con cuya causa tengo que identificarme. Esto no es fácil de hacer. Exige, de hecho, una verdadera "conversión evangélica"—*la conversión a Cristo en el prójimo.*

Esta conversión es mucho más que un conocimiento intelectual, desinteresado y objetivo acerca de mi prójimo. Es un verdadero movimiento desde mi mundo al mundo del "otro". [1] Nada menos que esto es lo que significa la conversión: ¡un encuentro con Dios en nuestro prójimo!

Entonces, si identificarse y responder implica una verdadera conversión, no podemos esperar grandes cambios sólo por haber leido este libro. En la gracia de Dios, el llamado a la conversión puede resonar a través de estas páginas y, por medio de la obra del Espíritu, muchos pueden responder a él. Confiamos también, que lo que vamos a leer nos ayude a recordar que *nuestro prójimo está allí*—mas allá de los datos y las cifras. Si somos lo suficientemente sensibles podemos oír "el clamor de mi pueblo" detrás de las cifras abstractas y de los hechos escuetos.

¿Quién es mi prójimo? Un cristiano

Mi prójimo es un cristiano.

Entre el 90 y el 95% de los 350 millones de latinoamericanos se consideran cristianos. Naturalmente, no todos los cristianos nominales son cristianos activos ni mucho menos se asemejan a los "cristianos nacidos de nuevo" como se les llama en los Estados Unidos. De cien personas tomadas al azar, 15 serán católicos practicantes, ocho serán protestantes, y siete profesarán otra religión o tal vez ninguna. Los 70 restantes serán católicos bautizados que asisten a misa, bodas, funerales y fiestas religiosas de vez en cuando. Todos ellos han sido formados por el "ethos" cristiano en su tradición Católica.

Dentro del Tercer Mundo, América Latina es el único continente con una mayoría cristiana y con el porcentaje más alto de católicos en el occidente cristiano. Brasil, por ejemplo, es el país católico más grande del mundo. (Es también en el Brasil, donde viven las dos terceras partes de los protestantes latinoamericanos y donde se encuentra la comunidad espiritista más numerosa del mundo). ¡Para el año 2000, América Latina tendrá la mitad de la población Católica del mundo!

Los conquistadoes españoles y portugueses trajeron el cristianismo durante el siglo XVI. La evangelización, llevada a cabo por frailes franciscanos y dominicos, respondía al aspecto espiritual de la conquista. Juntos vinieron Cristo y el rey, la cruz y la espada. Era el cristianismo ibérico, de la Contrarreforma, que tendía a ser fanático, defensivo, e insensible a la nueva vida proclamada por la Reforma Protestante. Para los habitantes de estas tierras el cristianismo no era un evangelio liberador, sino la religión de la dominación. Hubo algunas notables excepciones, como el padre Antonio Montesinos y Fray Bartolomé de las Casas, defensores de los indios. Ellos representaban la tendencia humanitaria del cristianismo que a través de los siglos aún se mantiene latente. La Iglesia era una parte integral de la empresa colonizadora y civilizadora, trasplantando el estilo de vida, y las enstructuras e ideologías del cristianismo Católico. Los indios americanos respondieron a esta evangelización conquistadora y civilizadora con una resistencia pasiva. Lo aceptaron todo, pero nunca asimilaron realmente el evangelio. El resultado ha sido un evidente sincretismo dentro del pueblo o lo que a veces se conoce como cristo-paganismo. Cristo era conocido como el Señor del Cielo, el Cristo Conquistador (cuyos representantes en la tierra eran el Papa y el Rey), y también como el Mártir de la Cruz. Los indios dóciles podían fácilmente identificarse con el mártir del Gólgota, el Cristo sufriente e impotente. Misionólogos Católicos contemporáneos reconocen abiertamente que esta clase de evangelización era de hecho una colonización espiritual.

Religiosidad popular

La influencia Católica ha penetrado el alma y la cultura latinoamericana. La *religiosidad popular*, además de ser un fenómeno muy común es hoy objeto de estudio y discusión en América Latina. Este catolicismo popular está hecho de votos y promesas, peregrinaciones y múltiples devociones, y la recepción de los sacramentos, particularmente el bautismo y la primera comunión. La piedad popular se centra en el culto a la Virgen María (impulsado recientemente por la visita del Papa Juan Pablo II a México y su peregrinación al santuario mariano de Guadalupe) y la veneración de los santos. Los santuarios son no sólo centros de curaciones milagrosas y de respuestas divinas a toda clase de oraciones sino atracciones turísticas y comerciales donde se venden imágenes, velas y símbolos. En esta religiosidad popular se encuentra una fe en Dios sencilla y persistente, mezclada con superstición y fatalismo. Pero hay también importantes virtudes cristianas y valores morales, en términos de vida familiar, conducta sexual y un sentido de celebración. Este cristianismo residual sobrevive el impacto secularizante de la vida urbana y sus costumbres, y de los medios de comunicación, y el deterioro producido por la miseria y la promiscuidad en los barrios pobres de las ciudades.

Algunos cristianos radicales consideran esta religiosidad popular como una alienación de las masas de la realidad y de las luchas por la justicia social; otros perciben en ella valores sociales y una potencialidad para la liberación del pueblo. Severino Croatto, profesor de Biblia en el Instituto Superior Evangélico de Educación Teológica (ISEDET), en Buenos Aires, Argentina, hace un juicio bastante crítico de la religiosidad popular desde el punto de vista del evangelio:

> La iglesia aparece consecuentemente como refugio de masas oprimidas, cuya alienación se ahonda, al no ofrecerles una fe crítica y concientizadora de su situación de esclavitud. Hay expresiones del catolicismo popular que son la forma opuesta a una fe liberadora y que mas bien internalizan la opresión. Las celebraciones populares, muerte, dolor, sufrimiento (La Dolorosa*, el Cristo crucificado, la santa muerte, la Cruz, . . .) son ambiguas. Con esas figuras sufrientes se acepta resignadamente su propio dolor y opresión como la voluntad amorosa de Dios, olvidándose de los hombres que los motivan.

> Lo trágico es que esta identificación con el Cristo que muere tiene un fuerte poder de sublimación, introyectando en la conciencia su situación de pobreza y de explotación como "imitación de Cristo." Pero es una imitación de su muerte sin resurrección. No hay expresión de la resurrección en sus vidas económicas y sociales. El cristiano para poder identificarse con el Cristo muerto y resucitado, sólo puede mirar al futuro cuando él mismo pueda resucitar y para resucitar anticipadamente también tiene que mirar hacia adelante, hacia situaciones nuevas. Por eso la fe es subversiva, reclama el cambio, el paso de la muerte a la vida, en todos sus órdenes. Desafortunadamente, resurrección no tiene lugar en la religiosidad popular latinoamericana.[2]

---

*Las siete etapas entre el juicio de Cristo y el Calvario.

A veces se considera la religiosidad popular como un obstáculo a la evangelización y otras veces como una ayuda. De todos modos, es un hecho y un factor que debemos tomar en cuenta en nuestra evangelización actual en América Latina. La segunda conferencia católica de obispos de América Latina (CELAM) en su reunión de Medellín en 1968 reconoció este hecho, diciendo que en la piedad popular podemos encontrar "la presencia secreta de Dios", "las semillas del Verbo", "una preparación evangélica", pero que era necesario una "reevangelización" y una "reconversión". "Lo que necesitamos"—algunos dijeron—"no es bautizar a los convertidos sino convertir a los bautizados". La tercera conferencia del CELAM en Puebla en 1979, también señaló los aspectos positivos y negativos de la religiosidad popular, y llamó "a evangelizar una y otra vez la religión del pueblo" apelando "a la memoria cristiana de nuestros pueblos."

Creemos que esto es algo digno de ponderarse, por nosotros los protestantes, como parte de nuestra estrategia evangelística. ¿Qué es el "avivamiento" sino una "apelación a la memoria cristiana de nuestros pueblos?" Y nos preguntamos si el llamado de Puebla a "evangelizar una y otra vez la religiosidad popular" no se aplicaría también a la piedad de nuestra clase media (otra forma de religiosidad popular, una mezcla de valores del evangelio y valores burgueses de nuestra sociedad). En América Latina hemos oído hablar de la "religión civil" y del "estilo americano de vida" de los Estados Unidos. ¿Podrían esos valores también ser evangelizados?

Misiones protestantes en el sur

Algunos de mis prójimos son protestantes.

El protestantismo vino a Latinoamérica hace unos cien años, cuatro siglos después que el catolicismo. La introducción del cristianismo protestante fue difícil y resistido fieramente por la Iglesia Católica Romana hasta el Concilio Vaticano II en la década de los sesenta. Los precursores de las misiones protestantes en América Latina fueron los colportores de la Sociedad Bíblica Británica, que introdujeron la Biblia—desconocida y prohibida—a las veinte repúblicas latinoamericanas. La versión protestante del evangelio era fuertemente bíblica, Cristocéntrica, ética e individualista, en contraste con el catolicismo tradicional y su analfabetismo bíblico, su mariolatría popular, su énfasis litúrgico, y su autoritarismo jerárquico. El protestantismo fue rechazado como una "intromisión" en "territorio cristiano" por medio de presiones legales, aislamiento social y hasta persecución religiosa. Para algunos misioneros de Norteamérica, esta "invasión," era vista como una cruzada hacia las "tierra papales" del sur. Pero para muchos de nosotros, la presencia misionera protestante y las iglesias que surgieron de ella, representaron una oportunida única para tener una experiencia personal del Cristo viviente, el acceso a una Biblia abierta, y el compromiso por una vida de libertad y de integridad moral. Este testimonio puede ser repetido en toda América Latina por cristianos Protestantes de primera, segunda y tercera generaciones.

Gradualmente y con muchas dificultades, las misiones protestantes pudieron obtener una base modesta en este territorio "oficial" cristiano, mayormente entre artesanos y nuevos inmigrantes que no estaban identificados con la sociedad latinoamericana tradicional. A comienzos de este siglo la comunidad protestante latinoamericana llegaba apenas a 50 mil personas: uno por cada mil habitantes.

Sin embargo, había quienes favorecían la introducción del cristianismo protestante en América Latina, particularmente la nueva élite que miraba hacia los países europeos protestantes y a los Estados Unidos en busca de nuevos modelos de "modernización". Los intelectuales latinoamericanos y masones anticlericales que hacían énfasis en la libertad de oposición al dogmatismo clerical católico, miraban al mundo anglosajón como su modelo, y al protestantismo (la religión de la libertad y la responsibilidad) como un aliado oportuno contra las fuerzas religiosas y políticas conservadoras. No estaban interesados en el evangelio en sí, sino en las implicaciones ideológicas y sociales de la presencia protestante. Algunos protestantes de segunda y tercera generación hoy día, aunque están agradecidos del trabajo misionero del pasado y son fieles a su fe, miran más criticamente al significado histórico de dicha presencia y acción. Algunos de ellos, como el teólogo metodista argentino Dr. José Míguez Bonino, dicen que así como la evangelización católica fue el aspecto espiritual del colonialismo español y portugués del siglo XVI, el trabajo misionero protestante (admitámoslo o no) fue el acompañamiento espiritual del proyecto de modernización del "neocolonialismo" del siglo XIX.[3]

En el 1916, cuando se efectuó el Congreso de Panamá sobre Misiones en América Latina, habían 10 mil miembros protestantes. La mayoría de los delegados, sin embargo, representaban a las juntas extranjeras de misiones norteamericanas, que trabajaban en la región; solo 16 representaban a las iglesias nacionales latinoamericanas. Había optimismo y una fuerte convicción sobre el llamado a la obra misionera en América Latina. Se establecieron las bases de la estrategia futura y su metodología integral (evangelización, trabajo juvenil y femenino) la cual fue efectiva durante los próximos 50 años.

El espíritu de cooperación entre las Juntas de Misiones era notable y surgió el Comité de Cooperación de América Latina, primer instrumento ecuménico en esta parte del mundo, y precursor del actual Departamento Latinoamericano del Concilio Nacional de Iglesias en los Estados Unidos.

En el siglo XX nuevas misiones fueron llegando. Después de la Segunda Guerra Mundial, cuando el territorio misionero de China se cerró, América Latina se convirtió en el nuevo centro de interés para las actividades misioneras y un flujo de misioneros vino desde Norteamérica. Mientras que el primer impulso misionero vino mayormente de las Juntas de Misiones históricas, el contingente mayor de las nuevas fuerzas misioneras surgió de las llamadas juntas "conservadoras" o "misiones de fe". El crecimiento fenomenal de misioneros de Norteamérica en el mundo (el 70% de la fuerza misionera en la década de los años setenta) también se reflejó en América Latina, donde fue utilizado el 32% (unos 11 mil misioneros), del personal misionero norteamericano. Es interesante agregar que este mismo fenómeno tuvo lugar en la obra misionera Católica Romana. Mientras que en el pasado la mayoría de los sacerdotes, frailes y monjas misioneros venía de España y otros países europeos, en la década de los setenta la mitad de los 13 mil sacerdotes extranjeros en América Latina venía de Norteamérica.

Crecimiento de la Iglesia Protestante en América Latina

La comunidad protestante ha estado creciendo desde 1930. En 1936 las iglesias contaban con 2.400,00 miembros. Mientras que el resto de la población aumentaba un 3% anualmente el número de miembros evangélicos crecía un 10% duplicándose cada 10 años.[4] En 1973 la comunidad protestante se estimaba en 20 millones de miembros equivalente a un 7% u 8% de la población total. Dos tercios de esta cifra se encuentran en el Brasil, y de estos dos tercios son pentecostales. Otra observación interesante es que estas cifras no confirman la idea común de que mientras mayor es el número de misioneros, mayor es el trabajo evangélico y el crecimiento de la Iglesia. Por ejemplo: los 750 misioneros aproximadamente que vienen de la Junta de Misiones relacionadas con el Concilio Nacional de Iglesias de los Estados Unidos, están trabajando en iglesias que representan el 25% de la comunidad protestante, mientras que 10 mil misioneros de los cuerpos "evangélicos conservadores" están trabajando en iglesias que representan un 3% de la comunidad protestante total. Mientras tanto, los pentecostales, que cuentan con pocos misioneros o con ningún misionero del exterior, tienen las iglesias de más rápido crecimiento en el continente. Así que no podemos valorar la importancia o el significado de la presencia misionera solamente en términos del número de misioneros o en términos de las cifras de crecimiento de las iglesias.

Los pentecostales surgieron al comienzo de este siglo y pronto llegaron a ser "el primer movimiento Protestante indígena en América Latina".[5] El pentecostalismo chileno fue un brote de experiencia pentecostal dentro de la Iglesia Metodista bajo el liderazgo de un misionero metodista norteamericano, Willy C. Hoover. Después de su expulsión de la Conferencia Anual en 1909, el movimiento se expandió hasta tener más de un millón de miembros en sus diversas ramas. Las Asambleas de Dios en Brasil abrieron congregaciones en cada estado, llegando a ser la mayor iglesia evangélica en América Latina con 1.5 millónes de miembros. La Congregación del Brasil y "Brasil para Cristo" (esta última tiene el templo evangélico más grande del mundo, con una capacidad para 24 mil personas) han crecido mayormente a través del trabajo de miembros laicos.

Este crecimiento fenomenal ha intrigado a sociólogos, misionólogos, ejecutivos de iglesia y expertos de círculos cristianos y seculares. Algunos explican este fenómeno en términos espirituales como la libre acción del Espíritu Santo. Otros citan raíces antropológicas: el hambre por Dios en el pueblo. Algunos ofrecen explicaciones sociológicas: la comunidad pentecostal provee refugio, seguridad, autoridad e identidad para los migrantes rurales que se enfrentan al anonimato de la gran ciudad. Aún otros encuentran la respuesta en una metodología pastoral adecuada: participación laica, el pueblo comunicando las buenas nuevas en su propio lenguaje y desde su propia situación. También hay explicaciones sicológicas y culturales, tales como la libertad de adoración y el uso de música e instrumentos folklóricos. El hecho es que han surgido iglesias con vida propia en medio de las masas pobres mientras que las iglesias protestantes históricas están confinadas a los intereses de la clase media. A los Pentecostales no les faltan problemas de liderazgo, educación, alienación social y divisiones, pero sin duda tienen un lugar decisivo y significativo en el futuro del cristianismo en América Latina y en el futuro del protestantismo latinoamericano.

"El clamor de mi pueblo" es el clamor de un pueblo cristiano en las diferentes etapas de su peregrinación, que comparte la suerte común del pueblo latinoamericano.

¿Quién es mi prójimo? Un americano

Mi prójimo es un americano.

Esto puede sonar extraño para un ciudadano de los Estados Unidos o de Canadá, pués ellos no están acostumbrados a pensar que el latinoamericano es también un americano. Y es porque detrás del uso de la palabra "americano" hay una extraña historia.

En realidad, el uso de la palabra ha sido considerada como "una comedia de errores" por el ilustre escritor colombiano, Germán Arciniegas. "La confusión sobre el nombre América no tiene paralelo en ninguna porción del globo", dice el ex-profesor de sociología de la Universidad de Columbia en Nueva York.[6]

El primer acto en esta "comedia de errores" ocurrió cuando los descubridores y conquistadores españoles y portugueses llamaron *indios* a los habitantes naturales de estas tierras. Ellos salieron en busca de una nueva via hacia la India, y al desembarcar en La Española (hoy conocida como Haití y República Dominicana) pensaron que habían llegado al Asia. Por esta razón españoles y británicos han hablado por cuatro siglos de las "Indias Occidentales". ¡Cristobal Colón murió sin saber que había descubierto un nuevo continente creyendo que había llegado al Japón y que las islas del Caribe eran un archipiélago japonés!

El segundo acto de la "comedia" ocurrió cuando los cartógrafos europeos bautizaron al Nuevo Mundo con el nombre de *América* en honor a Américo Vespucio, el piloto principal de la monarquía castellana. Vespucio viajó cuatro veces al Nuevo Mundo y fue el primero en reconocer que se trataba de un nuevo continente. Y, por consiguiente, todos los aquí nacidos o descendientes de inmigrantes europeos a estas tierras (Norte, Centro y Sur América) se convirtieron en *americanos*.

El tercer capítulo de la "comedia" tuvo lugar cuando las 13 colonias británicas en Norteamérica declararon su independencia llamándose los *Estados Unidos de América*. Según Arciniegas, las colonias no tenían un nombre propio, digamos como Estados Unidos Mexicanos, o Estados Unidos de Venezuela, o Estados Unidos del Brasil. Desde entonces, parte de América tomó el nombre de todo el continente. George Stewart dice que "el nombre genérico de los Estados Unidos fue aceptado como una denominación provisional después que en Filadelfia se pospuso la búsqueda de un nombre adecuado para la nueva República". Más tarde se formuló un plan para dar al país el nombre de *Columbia* o *Colombia* en honor a Colón. Pero Simón Bolívar ya había adoptado el nombre de "Colombia", inventado por el venezolano Miranda en 1806, para el antiguo Virreinato de Nueva Granada en el sur. Alguien entonces sugirió bautizar el país de la libertad (Freedom) en el norte con el nombre de *Freedonia*. Pero se dice que por esa época un bromista escribió una carta a un periódico en el sur señalando que "donia" (doña) significaba "señora" en español y que *free-donia* significaba "señoras libres". Y ese fue el fin de esa idea. "A consecuencia los Estados Unidos es el único país en el mundo que no tiene un nombre preciso". Y nosotros, los ciudadanos de otros países americanos, tenemos que vivir con el hecho de que en el habla común, decir "americano" no se refiere a nosotros, sino a los ciudadano de Estados Unidos de América, una parte del continente americano.

El acto final de la comedia de errores es el de llamarnos a nosotros mismos *latinoamericanos*. ¿Qué tenemos de latinos? Sí, nuestras tierras fueron descubiertas y conquistadas por dos poderes latinos del siglo XVI: España y Portugal. Pero Francia, otro país latino, más tarde estableció una base en Haití y la Guyana Francesa. Posteriormente los italianos vinieron por millones. Pero también hubo importantes contingentes de Alemania, Gran Bretaña y otros países no latinos.

A veces se habla de *Iberoamérica* refiriéndose a los dos países de la Península Ibérica: España y Portugal. Pero, ¿qué de los indios, la población original de este hemisferio? Por eso, los que ponen énfasis en las raíces aborígenes de nuestros pueblos han sugerido que se llame *Indoamérica*. Pero, y entonces, ¿cómo representamos a los descendientes de europeos, a la población africana y a los mestizos que representan un porcentaje muy importante en nuestra población y cultura? El nombre de *América Latina,* por útil que sea, "es en el mejor de los casos un error tolerado".[7]

A estas alturas podemos reconocer que no podemos hablar de una sola América sino de por lo menos cuatro Américas que son más o menos del mismo tamaño, pero cada una representante de cuatro zonas históricas, cuatro experiencias, cuatro estilos de vida y cuatro personalidades distintas:

1. *La América Hispano-India,* que comprende la mayoría de las repúblicas del Sur, Centro y Norteamérica con 6.080,000 kilómetros cuadrados.
2. *La América Portuguesa* (Brasil) con una extensión de 5.120,000 kilómetros cuadrados.
3. *La América Inglesa* (Estados Unidos incluyendo los estados de Alaska y Hawaii) con 5.678,4000 kilómetros cuadrados.
4. *La América Anglo-Francesa* (Canadá) con 5.440,000 kilómetros cuadrados.

Las cuatro Américas tienen en común una gran historia pre-colombina. Las culturas indias que aún palpitan en Norte, Centro y Sudamérica surgieron como grandes centros de civilizaciones en lo que hoy llamamos Centroamérica y la región andina—maravillas para ser admiradas por futuras generaciones.

Pero fueron las distintas contribuciones de los inmigrantes europeos, los esclavos africanos, las distintas condiciones geográficas y las experiencias históricas las que forjaron los rasgos diferenciales entre nuestras Américas.

Germán Arciniegas concluye: "Para nosotros las cuatro Américas son cuatro grandes provincias de una masa continental, que se mueve por caminos separados en busca de una misma cosa: libertad". Esta es la razón principal por lo cual debemos familiarizarnos con las cuestiones que nos unen y con los que nos separan, para así poder participar en un proceso de toma de conciencia, identificación, y acción responsable. "El clamor de mi pueblo" es un clamor americano.

El Tercer Mundo y mi prójimo de "allá abajo"

Mi prójimo está "allá abajo".

Es común que los habitantes del hemisferio norte (o los residentes

11

en el norte de cualquier país) consideren que los del sur se encuentran "allá abajo". Nuestros mapas y el mismo globo terráqueo sitúan al norte en la parte superior y el sur en la parte inferior. Ciertamente, se trata de una formalidad puesto que en el espacio no existe ni "arriba" ni "abajo". A veces, sin embargo, esta ubicación espacial puede crear una imagen errada entre los que se encuentran "arriba" o "abajo".

Mafalda, un personaje de historieta muy gracioso, es una niña argentina de seis años de edad siempre preocupada por los problemas del mundo. Mafalda siempre se expresa en términos filosóficos en cuanto a los temas adultos y serios. Un día, mirando un globo terráqueo su amigo Felipe dice: "Yo me pregunto ¿por qué es que todos los países pobres están en el hemisferio sur, y todos los países ricos están en el norte?" Mafalda ofrece una teoría: "¡Es porque nosotros estamos patas arriba y todas nuestras buenas ideas se caen de nuestras cabezas!"

Nosotros, los que estamos "aquí abajo" pertenecemos al llamado *Tercer Mundo.* Esta es una denominación común que nada tiene que ver con cifras, como algunos podrían pensar, ya que no representa un tercio del mundo, sino los dos tercios del mundo en cuanto a tamaño y población.

Geográficamente, el Tercer Mundo está ubicado mayormente en los trópicos y el hemisferio sur: Africa, Asia, América Latina, incluyendo el Caribe y las islas del Pacífico. Originalmente, el término *Tercer Mundo* se refería a la orientación *ideológica,* aplicándose a los países que no estaban alineados ni con el occidente capitalista ni con el oriente socialista.

Sociológicamente, el Tercer Mundo está compuesto por masas marginadas, que dejan atrás la sociedad agraria sin poder incorporarse a la sociedad industrializada. Esta interpretación define al Tercer Mundo como la tierra de nadie, el choque entre dos civilizaciones, el proletariado del mundo dentro del sistema de producción global. Está constituído por poblaciones enteras en movimiento, forzadas a abandonar sus formas tradicionales de vida, para convertirse en masas errantes, sin raíces y sin estructuras, en busca de lo desconocido y padeciendo todas las vicisitudes y sufrimientos acumulados en esta mutación global.[8]

La *economía* del Tercer Mundo ha sido descrita como "dependiente" y "explotada". Es considerada como extensión de los poderes industriales del mundo, destinada a ser productora de materias primas y proveedora de mano de obra barata, explotada por el neocolonialismo de las naciones industriales, de las corporaciones trasnacionales y los centros financieros del mundo. El Tercer Mundo también está controlado y explotado por las oligarquías internas y los grupos privilegiados en cada país. Por ejemplo, el 30% de la población del mundo en el norte desarrollado consume el 85% de los bienes de la tierra, mientras que el 70% de la población en el sur subdesarrollado tiene acceso al 15% de los bienes. El ingreso anual per cápita* en los países desarrollados es de 2,500 hasta 8 mil dólares mientras que el ingreso anual per cápita en el Tercer Mundo va de 50 a 1,300 dólares. El Tercer Mundo es pues, un mundo *económicamente* dependiente y explotado.

Un mundo en revolución

Estos datos sobre el "Tercer Mundo" dieron nacimiento a la Comisión de las Naciones Unidas para el Comercio y el Desarrollo (UNCTAD), donde las quejas, demandas y esperanzas por un trato justo y un nuevo orden internacional económico son ventilados por un grupo de 119 países en vías de desarrollo. Los conflictos de intereses con los poderes industriales son obvios, sobre todo con la llamada Comisión Trilateral, que representa los intereses de los tres grandes centros económicos: Europa Occidental, Japón y los Estados Unidos de América.*

Desde el punto de vista tercermundista el verdadero conflicto del futuro no será entre Oriente y Occidente sino entre el Norte y el Sur.

El Tercer Mundo es un mundo en revolución. América Latina atraviesa hoy por una revolución política al estilo del siglo XVIII; una revolución social como las del siglo XIX, y una revolución cultural del siglo XX. ¡Y las tres revoluciones ocurren simultáneamente!

Tal vez Mafalda tiene razón: Nosotros los del Tercer Mundo estamos patas arriba. Y no está mal. Después de todo ¡el evangelio pone al mundo de cabeza!

Estamos en buena compañía. Pablo y sus compañeros turbaron a la gente de Tesalónica, que gritaba: "Estos hombres que han transtornado al mundo, están ahora aquí turbando la ciudad" (Hechos 17:6).

Mafalda simboliza "el clamor de mi pueblo". Un clamor que surge del Tercer Mundo para poner el mundo al revés. No se trata solamente de un clamor de angustia, de protesta, de demanda, sino también de un clamor de esperanza, un clamor de liberación. Y nosotros, como

---

*División del total de la producción nacional por el número de personas del mismo país.
*Véase la bibliografía del Capítulo Cuatro.

cristianos, estamos llamados a unirnos en este clamor en el nombre del evangelio liberador de Jesucristo.

¿Cuántos prójimos? Crecimiento de la población

Mi prójimo está creciendo.

¿Cuántos son mis prójimos al sur del Río Bravo? Miremos primeramente a la población por país. La siguiente tabla puede ayudarnos:

TABLA I

País	Km²	Población 1955	Población 1978	Hab. por Km²
Argentina	2,776,889	19,300,000	26,395,000	9.5
Bolivia	1,098,581	3,190,000	5,285,000	5.4
Brasil	8,511,965	59,200,000	119,477,000	13.3
Chile	624,592.8	6,560,000	10,732,000	17.2
Colombia	1,141,736	12,700,000	25,614,000	21.9
Costa Rica	50,900	951,000	2,111,000	39.5
Cuba	114,524	6,110,000	9,718,000	84.87
Ecuador	270,670	3,610,000	7,543,000	28.4
El Salvador	21,156	2,190,000	4,525,000	203.7
Guatemala	108,889	3,260,000	6,839,000	60
Haití	27,750	3,300,000	5,534,000	172.1
Honduras	112,088	1,660,000	3,439,000	26.3
México	1,958,201	29,700,000	65,421,000	33.5
Nicaragua	148,000	1,240,000	2,559,000	16.6
Panamá	77,082	910,000	1,823,000	23.4
Paraguay	406,752	1,560,000	2,888,000	7.0
Perú	1,285,215.6	9,400,000	16,821,000	13.0
Uruguay	176,215	2,620,000	2,885,000	16.6
Venezuela	916,490	5,830,000	13,989,000	14.10

(Fuentes: Naciones Unidas, Almanaque Mundial, CELADEC y CEPAL)

Las tercera y cuarta columnas de la tabla indican la rapidez con que ha aumentado la población en América Latina desde 1955. Durante el período de 1800 a 1950 Norteamérica fue la zona de más rápido crecimiento de población en el mundo, principalmente a causa de la inmigración. El crecimiento de América Latina empezó en 1900 acelerándose el proceso en 1950. Ahora es el área de más rápido crecimiento en el mundo, con un promedio de un 3% anual. En 1950 la cifra era de 200 millones; ahora alcanza la marca de 350 millones y se espera que para el año 2000 América Latina tenga una población de 600 millones o el 9.4% de la población mundial.

Una población joven

La población en América Latina está compuesta casi en su totalidad por gente joven. Más del 50% tiene menos de 19 años de edad, y el 45% entre cero y 14 años de edad. Naturalmente, este hecho tiene grandes implicaciones para las perspectivas económicas y sociales de los países latinoamericanos y también para la misión de la iglesia. Históricamente el número de habitantes siempre ha sido una ventaja para toda nación o civilización, y mucho más en una región con grandes regiones despobladas. Pero, por otra parte, grandes presiones y demandas surgen en nuestras sociedades que luchan por su desarrollo. Dentro de éste contexto, "el clamor de mi pueblo" se convierte en el clamor de los bebés y de los niños por una nutrición adecuada que evite las deformaciones, el daño cerebral irreparable o la muerte. Es el clamor de jóvenes que piden educación; el clamor de nuevas generaciones que piden trabajo y participación significativa en la sociedad; el clamor de familias que exigen vivienda, alimento y atención médica.

Este crecimiento fenomenal se explica con el incremento en las tasas de natalidad y la disminución de la tasa de mortalidad, gracias a la medicina moderna, la salud pública y mejores condiciones de vida. En la mayoría de nuestros países la mortalidad infantil es todavía muy alta. (Cada año 12 millones de niños nacen en América Latina y un millón de niños mueren).

Hay, sin embargo, algunas otras tendencias menores dentro de este crecimiento vertiginoso. El mejoramiento de los niveles de vida y de educación trae como consecuencia una disminución del crecimiento de población, un decrecimiento en los nacimientos, un incremento en la población anciana y un sector estable de edad media. Sólo cuatro naciones están atravesando por ésta "revolución demográfica": Argentina, Uruguay, Cuba y Chile. En estos países el promedio de probabilidad de vida llega cerca de 70 años, mientras que en Haití y

Honduras es de 45 años. Entre los mineros de estaño bolivianos ha sido 32 años por mucho tiempo a causa de las condiciones inhumanas de trabajo en los "túneles de la muerte" que van carcomiendo diariamente sus pulmones con el polvo de las minas, produciendo tuberculosis y silicosis. Los mineros sobreviven con una dieta de poco mas de 1,200 calorías diarias. Este es uno de los más conmovedores acentos del "clamor de mi pueblo". Por esto, muchos latinoamericanos no creemos que este clamor pueda ser adecuadamente respondido simplemente aumentando los programas de control de natalidad. Lo que se necesita es proveer condiciones de vida más humanas para los millones del sur.

¿De qué color es mi prójimo? Las razas

Mi prójimo es multi-racial.

El pueblo latinoamericano ha sido enriquecido por la mezcla de las razas de tres continentes.

Hablemos primero de los *indios,* la población original de éstas tierras. Cuando llegaron los conquistadores en 1492 habían unos 12 millones de indios aproximadamente. En 1820, durante la época de la independencia, la población indígena había sido reducida a ocho millones, diezmados por epidemias (algunas de ellas traídas de Europa) y por el trabajo forzado en las minas y haciendas de los colonizadores. Durante estos tres siglos murieron en el Perú ocho millones de indios. Desde 1825 los indios empezaron a recuperar su población hasta llegar a los 14 millones en 1950, cifra que después de cuatro siglos y medio se aproxima al número original de indios, y que representa un 8.8% de la población total. Hoy día el número total alcanza los 30 millones o el 8% de la población total.

Los indios han podido sobrevivir mejor en las zonas céntricas donde han logrado conservar sus comunidades, sus idiomas, costumbres y organización social. Tal es el caso de los cuatro países indoamericanos: Guatemala, Perú, Ecuador y Bolivia, donde están concentrados el 91% de los indios de América Latina, y donde ellos representan entre el 40 y 60% de la población nacional. Un 20% del pueblo mexicano está constituido por indios. También existen importantes componentes indígenas en Colombia, Paraguay y algunos países centroamericanos. En Chile, Brasil, Argentina y Venezuela hay pequeñas minorías indígenas.

La lucha de los indios para sobrevivir es más aguda hoy entre las pequeñas tribus situadas en la periferia de la civilización: la cuenca del Amazonas y las selvas tropicales. Estos pueblos corren el riesgo de ser exterminados por el "empuje" del progreso, como por ejemplo los proyectos gigantescos de la corporaciones transnacionales en Brasil, o en una forma más sofisticada por medio de los proyectos de "modernización" y "asimilación" de nuestros gobiernos.

"El clamor de mi pueblo"—el de los indios—es el clamor por la tierra, la salud, la educación, el respeto propio, la autodeterminación y la participación efectiva en la vida de la sociedad en general. Este clamor se comienza a escuchar en las iglesias, que conocen por experiencia propia las distintas manifestaciones refinadas de aniquilación cultural. La iglesia de hoy es una de las pocas defensoras de la dignidad y los derechos del indio.*

Los *negros* vinieron al hemisferio sur como parte de lo que Juan Wesley llamaba la "villanía execrable" del tráfico de escalvos desde Africa. La industria del azúcar, primero en las Antillas británicas y luego en el Brasil, impulsó el tráfico de esclavos desde Africa Occidental. Se trataba de un negocio altamente organizado que producía riquezas inmensas para los cultivadores del azúcar, los mercaderes europeos, los comerciantes británicos y los señores de las haciendas latinoamericanas del café, añil y tabaco. La esclavitud fue una de las mayores fuentes de capital durante las primeras décadas de la Revolución Industrial.

En Gran Bretaña la esclavitud fue abolida por el cambio de condiciones económicas y el impacto del movimiento antiesclavista apoyado por el avivamiento metodista y por la influencia del espíritu iluminista. Pero en el Brasil la esclavitud no se abolió legalmente hasta el 1850, y no desapareció de Cuba y Brasil hasta las últimas décadas del siglo XIX. Es triste tener que admitir que algunas Juntas del sur de los Estados Unidos escogieron a Brasil como su campo misionero porque en este país la esclavitud no había sido abolida.[9]

En 1650 la población negra se aproximaba a unos 670 mil. En 1825, después del período de la independencia, alcanzó los 4.1 millones (en ese año llegaron al Brasil dos millones de esclavos). En 1950 la población negra latinoamericana era de 13.729,111. Esta cifra se duplicará para 1980, aunque en general los negros constituyen una minoría con apenas un 6% de la población.

Sin embargo, los negros representan el 90% de la población en Haití, el 67% en las islas del Caribe inglés, el 15% en Cuba y el 13% en el Brasil. Un porcentaje menor se encuentra en Colombia, la

---

*Véase la *Declaración de Barbados,* auspiciada por el Consejo Mundial de Iglesias y Misiones Latinoamericanas, y la *Declaración de los Obispos Católicos de la Amazonia, El Indio Latinoamericano*, LADO, Washington, USCC, C.1973. Véase también *EL Indio en Sudamérica*, Ginebra, CMI, 1972, y *THE INDIAN AWAKENING IN LATIN AMERICA*, Friendship Press, 1980.

República Dominicana, Ecuador, Venezuela y Puerto Rico. Sin embargo, su número no refleja la importancia de sus contribuciones a la música, la danza, los deportes y los diversos movimientos religiosos que han surgido en América Latina. La sangre y la cultura africana están integradas en la corriente humana y cultural de América Latina. Aún los brasileños blancos pueden decir con orgullo: "todos nosotros tenemos algo de Africa en nuestra almas".

Los negros a la vez que buscan un lugar justo en nuestras sociedades, representan la libertad del cuerpo y del espíritu, parte inseparable de la contribución africana a la humanidad. Son parte también del "clamor de mi pueblo".

La población *blanca* ha estado en ascenso desde los días de la conquista. Después del primer siglo habían unos 138 mil, durante la independencia latinoamericana en 1825 llegaron a 4.349,000 y en 1950 se registraban unos 72 millones. Probablemente su número alcanzará los 150 millones para 1978, aproximadamente el 43% de la población total. La cifra global de inmigrantes europeos a Latinoamérica fue más o menos de 15 millones desde 1821 hasta 1932, con grandes concentraciones de españoles y portugueses. Los franceses, belgas, alemanes y polacos vinieron en números menores. La migración europea ha disminuido bastante en las últimas décadas, con la excepción de Venezuela donde entre 1950 y 1956 llegaron 600 mil inmigrantes.

Hoy día las personas de origen europeo constituyen más del 90% de la población en Argentina, Uruguay y Costa Rica; el 60% en el Brasil; el 50% en Chile; un 37% en Venezuela y entre el 20 y el 27% en los demás países, con la excepción de Bolivia, que cuenta con menos del 15%. Excluyendo a Haití y Paraguay, los blancos representan el grupo dominante en América Latina. Por otra parte, hay un gran número de gente blanca empobrecida entre las comunidades marginadas, la clase obrera oprimida y la clase media baja en los países de la "zona blanca".* Ellos también se unen al "clamor de mi pueblo" por una sociedad más justa y más humana al sur del Río Grande.

El componente *asiático* en América Latina se reduce a unos pocos cientos de miles de japoneses en el sur del Brasil, colonias japonesas dispersas en Perú, Chile, Bolivia y Paraguay, y algunas colonias chinas en Perú, Cuba y Panamá además de grupos coreanos recientemente llegados.

---

*Argentina, Chile y Uruguay

Los mestizos: La nueva raza

Los *mestizos* forman un rasgo distintivo en la experiencia humana latinoamericana y un factor decisivo en el crecimiento del pueblo. La mezcla de razas comenzó en el siglo XVI durante los primeros años de la conquista. Ahí nació el *mestizo,* mezcla de indio y blanco. Con la allegada de un gran número de esclavos africanos, de la mezcla de descendientes europeos y africanos nació el *mulato.* Los *zambos,* la mezcla de indio y negro, ha sido menos común, aunque en el Brasil, donde son conocidos por *mamelucos,* sí se dió este cruce.

En 1650 los *mestizos* y *mulatos* juntos eran 670 mil, el 5% de la población; 6.2 millones en 1825, 27% de la población; 61.6 millones en 1950, 38% de la población; y en 1980 podrían llegar cerca de los 140 millones, el 40% de la población. En México los *mestizos* representan más del 60% de la población, y más o menos la misma proporción en América Central, Cuba, la República Dominicana, Venezuela y Colombia. En Brasil constituyen un 30% mientras que en Paraguay componen hasta el 70% de la población. En Chile representan el 50% de la población total.

Esta mezcla de razas ha jugado un papel muy importante en la formación de la América Latina contemporánea. Aunque los mestizos nunca fueron aceptados en la sociedad tradicional dominada por la clase blanca, se sentían superiores a los indios y negros puros y muy distanciados de sus antecesores europeos. El nacionalismo latino-americano encontró en ellos a muchos de sus más ardientes seguidores. Eran artesanos, oficinistas, y poco a poco, por medio de la educación han llegado a desempeñar importantes cargos en algunas de nuestras repúblicas.

En "el clamor de mi pueblo" resuenan también los acentos de esta raza mixta en busca de su identidad y de su lugar como pueblo verdaderamente americano, nacido del choque de dos culturas y de la mezcla por amor de dos sangres, el primer fruto del mundo antiguo y el nuevo, "la raza cósmica" como la llamó el escritor mexicano José Vasconcelos.

Mi prójimo dentro de las estructuras

Mi prójimo no es un ser aislado. Pertenece a un pueblo, es parte de una clase social, está dentro de estructuras sociales y económicas que determinan sus límites y probabilidades sociales.

Primero tenemos como grupo dominante a la *clase alta* o *élite.* En la época colonial la clase dominante estaba compuesta por los blancos peninsulares*, los hacendados, los miembros de la jerarquía Católica y los propietarios de grandes plantaciones y de las compañías de exportación e importación. Estos luego fueron reemplazados por sus descendientes, los criollos. La clase alta contemporánea está compuesta por industriales y banqueros urbanos, ejecutivos y tecnócratas, y los altos oficiales del ejército. En general, constituyen menos del 2% de la población en cualquier país. Ellos controlan del 65 al 80% de la tierra cultivable, las grandes compañías comerciales, las inversiones en la industria hotelera, y en bienes raíces. Sus inversiones crecen cada vez más por medio de sus asociaciones con las poderosas corporaciones transnacionales. Ya sea abiertamente o trás bambalinas, esta clase dominante ha podido controlar el gobierno y la vida política de sus respectivos países.

Luego tenemos la siempre controvertida y mal definida *clase media* o "sectores medios". En el pasado estaba formada por pequeños comerciantes, propietarios de terreno, por empleados privados o civiles, y por artesanos y pequeños industriales. Eran, en la mayoría de los casos, inmigrantes o descendientes de inmigrantes que surgían de las clases altas o bajas.

Para empezar, la clase media sigue siendo una minoría en América Latina. Mientras que en los Estados Unidos las clases alta y media constituyen el 80% de la población, en Chile sólo llegan al 21.4%; en Argentina al 35.9%; en Venezuela el 18%; en México el 16.9%; en Brasil cerca del 15% y en Guatemala apenas el 7% de la población total. En la mayoría de los países no alcanzan el 15%. Además, la influencia de la clase media en los cambios sociales ha sido muy ambivalente por su dependencia de las clases altas y por ser tan vulnerables al proceso de inflación y al deterioro económico. La clase media se identifica con los valores de la clase alta, teme los cambios sociales desde abajo y tiende a apoyar el orden establecido. Sin embargo, otros han llegado a identificarse con las clases bajas. Es notable ver que el pensamiento radical y la participación en movimientos revolucionarios violentos surgió de la nueva generación de los sectores medios. Tal fue el caso, por ejemplo, del movimiento de guerrilla urbana en Uruguay conocido como "Los Tupamaros", formado por jóvenes intelectuales de clase media.

Los de Abajo

Finalmente, tenemos las *clases bajas* compuestas por trabajadores, campesinos y los moradores en los cordones de miseria que rodean las ciudades. Ellos forman el 80% de la población.

*España y Portugal

Los *trabajadores urbanos* se han organizado en sindicatos que, en algunos casos (como en la Argentina con sus 2.5 millones de miembros), se han convertido en un poder importante. Pero en la última década el derecho de asociación y participación en la vida económica y política del país ha sido negado una y otra vez a los trabajadores en muchos países.

Los peones marginados son gente pobre y analfabeta quienes buscan día tras día, cualquier tipo de trabajo. Miles de *trabajadores migrantes* llegan diariamente de las áreas rurales a las ciudades con la esperanza de mejorar sus vidas. A Sao Paulo y a la Ciudad de México llegan un promedio de 500 mil personas anualmente. En 1950 el 25% de la población (40 millones) vivían en las ciudades, comparado con el 50% (150 millones) en 1975. Los migrantes rurales en las ciudades no tienen trabajo fijo, ni pertenecen a los sindicatos. A veces ni siquiera saben hablar el idioma oficial del país—español o portugués—y frecuentemente visten las ropas típicas de sus comunidades rurales.

Y más abajo aún que el trabajador urbano está el *campesino,* blanco o mestizo, también analfabeto, que vive en las montañas, a la orilla de los ríos, en claros de la jungla, o aislado en los grandes llanos sin escuelas, sin atención médica y sin futuro. Y en el nivel más bajo, el *indígena* que no habla español o portugués, que no sabe leer ni escribir y que ha venido cultivando su tierra igual que hicieron sus antepasados, con bueyes o con arado de madera o estacas. Cuando se le pregunta: "¿Por qué vienes a la ciudad?", su única respuesta es: "Por mala que estén las cosas, no nos podrá ir peor".

Aquí oímos otra vez, fuerte y claro, "el clamor de mi pueblo". Un clamor por identidad, un clamor por un lugar bajo el sol, un clamor por participación en el banquete de la vida que nuestro Creador ha preparado para todas sus criaturas.

Este es el clamor de mi prójimo. ¿Sabré "reconocerlo" como tal, detrás de todos los datos y las cifras?

II

JUNTOS EL NORTE Y EL SUR
Para bien o para mal

América Latina y Norteamérica están ligadas "para bien o para mal"—como se dice en la ceremonia matrimonial—por su geografía, su historia, su economía, la geopolítica y por las preocupaciones mundiales contemporáneas. Demás está decir que la misión cristiana también nos une en un sentido aún más profundo.

México: el vecino de al lado

Tomemos, por ejemplo, la relación especial entre México y los Estados Unidos. Ambos países están unidos por la *geografía,* ambos comparten una frontera común de 3,200 kilómetros a ambos lados del Río Bravo, donde "dos mundos se encuentran, se mezclan y a veces se chocan".

"La región fronteriza es casi un país en sí mismo, ni mexicano ni americano", es el título de un interesante artículo en el *New York Times*[1], que informa sobre el desarrollo de las ciudades biculturales y bilingües que se extienden "como un doble collar de cuentas" a lo largo de la frontera, desde San Diego y Tijuana en el oeste, hasta Brownsville y Matamoros en el Golfo de México. La frontera es casi invisible y fácil de penetrar. Cada día 50 mil personas cruzan la frontera legalmente para ir a sus trabajos, pero también miles de trabajadores mexicanos cruzan el Río Bravo ilegalmente en busca de empleo. El aire contaminado circula en ambos lados de la frontera. La ciudad de El Paso, Texas, no puede cumplir con los reglamentos federales a causa del aire contaminado que viene de Ciudad Juárez, del otro lado. Una fundidora de plomo en El Paso, operada por la American Smelting and Refining Company, emite hasta 75 libras de polvo lleno de plomo cada día y se estima que en Juárez más de ocho mil niños, entre uno y nueve años de edad, contienen niveles

22

altamente anormales de plomo en su sistema circulatorio. En el Río Colorado (que fluye de norte a sur y del cual muchos granjeros mexicanos dependen para irrigar sus campos) la concentración de sal aumenta a medida que los agricultores norteamericanos utilizan el agua para regar sus propias cosechas.

En este arreglo particularmente simbiótico, las ciudades fronterizas comparten su servicio telefónico, su moneda, alimentos, idioma, ropa, arquitectura y también sus problemas. En realidad, la frontera es una especie de imán que atrae a millones de personas de ambos países. En este tráfico constante se unen el mexicano desempleado de las áreas rurales donde las cifras de desempleo alcanzan el 50% con los norteamericanos que buscan comprar barato (desde perfume francés y telas mexicanas hasta tomates a cinco centavos cada uno) y personas jubiladas o familias norteamericanas que llegan atraídos por el buen clima. Unos 82 millones de personas cruzan la frontera *legalmente* cada año, o sea 250 mil personas por día, o 10 mil por hora. . . El tráfico de drogas hacia los Estados Unidos y el contrabando hacia México también cruzan la frontera.

La *historia* ha logrado unir pero también separar a México y los Estados Unidos. El sudoeste de los Estados Unidos fue colonizado por mexicanos, varias décadas antes de que los Peregrinos llegaran a las costas del nordeste del país. La mitad de lo que originalmente fue territorio mexicano pertenece ahora a los Estados Unidos.[2] Cuando los Estados Unidos y México firmaron el Tratado de Guadalupe-Hidalgo en 1848, quedaron en ambos lados de la nueva línea fronteriza dos pueblos con un mismo idioma y una misma herencia cultural. De un lado se llamaban "mexicanos" y del otro fueron bautizados con el nombre "méxico-americanos" o "chicanos" a pesar de que ambos pertenecen al mismo pueblo. El extraordinario desarrollo del territorio del sudoeste se realizó en parte mediante la combinación de creatividad aventurera y determinación anglosajona y por otra, por la mano de obra y el conocimiento de los mexicanos de las actividades económicas de la región, como las minas, la crianza del ganado, la cosecha de algodón, la agricultura y la construcción de vías ferreas. La tierra pasó mayormente a manos de los ciudadanos anglosajones de los Estados Unidos y la mayoría de los mexicanos y méxico-americanos quedaron como peones y trabajadores temporales.[3]

Durante la Segunda Guerra Mundial, Estados Unidos atravesó por un período de escasez de mano de obra y en consecuencia, se firmó en 1942 un acuerdo para el empleo temporario de mexicanos, conocido como "el programa de braceros". El programa duró 22 años, pero en 1964 a causa de la recesión económica y el desempleo causado por el conflicto con Corea, se montó la Operación Espaldas Mojadas, en que más de un millón de mexicanos fueron deportados del país.

Otras ofensas menores, tales como la controversia sobre el Chamizal* y el intercambio de prisioneros han sido resueltos a satisfacción de ambos países. Pero el tráfico de drogas, de armas y el contrabando de antigüedades igual que el cruce ilegal de trabajadores migrantes, son cuestiones muy delicadas que deben ser tratadas, entre estos "inquietos vecinos", unidos por la geografía y la historia.

La desviación del gasoducto

La relación de estos dos vecinos tiene mucho que ver con sus *economías*. Los Estados Unidos es el cliente más importante de México, recibiendo el 70% de todas sus exportaciones y el 85% de sus actuales exportaciones de petróleo. México es el cuarto cliente de los Estados Unidos y su sexto proveedor de bienes (sin incluir el intercambio económico de la frontera). En cuanto al turismo a los Estados Unidos, México ocupa el segundo lugar detrás de Canadá. En 1975 los visitantes mexicanos gastaron más del doble del total gastado por los turistas europeos en los Estados Unidos. Ese mismo año, el ingreso por inversiones, licencias y regalías, reenviados a los Estados Unidos, llegó a unos 700 millones de dólares aproximadamente. No es de extrañarse, entonces, que el déficit de comercio de México con los Estados Unidos, sobrepasó los 400 millones de dólares en 1965, los 3,750 millones en 1975, y que la deuda externa de México se haya disparado de 3,600 millones en 1971 a 20 mil millones en 1975. El 90% de estas deudas son con bancos privados en los Estados Unidos o con las agencias internacionales de crédito tales como el Banco Mundial y el Fondo Monetario Internacional, donde los Estados Unidos ejerce una influencia significativa.

Por primera vez en su historia, México tiene la oportunidad, no sólo de nivelar su balanza comercial con los Estados Unidos, sino también de estimular su propio desarrollo. El descubrimiento de grandes reservas de petróleo y gas en México, capaces de competir con las reservas de Arabia Saudita, ha despertado el interés de los Estados Undios en su vecino del Sur. Por sus nuevas riquezas México goza

---

*Este punto, que surgió debido a los cambios en el curso del Río Bravo, trata de la cuestión de la zona del Chamizal; ¿pertenece al pueblo mexicano de Ciudad Juárez, o a El Paso, Texas, en Estados Unidos? En 1911 un árbitro canadiense juzgó que dos terceras partes del Chamizal era mexicano y solamente un tércio pertenecía a los Estados Unidos. Los Estados Unidos no aceptó este juicio. (*United States and Latin America: An Historical Analysis of Inter-American Relations*, Gordon Connell-Smith, Halsted Press, New York, 1974, página 35).

ahora de condiciones muy favorables para negociar. Los mexicanos quieren proceder con cautela en este asunto y obtener acuerdos permanentes, y no reaccionar simplemente a las maniobras oportunistas de su vecino del Norte. Este ha sido precisamente un tema muy importante en las conversaciones entre los presidentes José Lopez Portillo y Jimmy Carter y ahora Ronald Reagan.

El profesor E. J. Williams de la Universidad de Arizona, experto en el campo petrolero, dice que:

> En un gesto de amistad durante la crisis energética del duro invierno de 1976-1977, el gobierno mexicano ofreció petróleo y gas a los Estados Unidos que se encontraba en una situación apretada ("los amigos deben ayudar a los amigos"). En verdad, en los primeros meses de 1977, parecía que los Estados Unidos estaba recibiendo casi todas las exportaciones de petróleo de México, cerca de 150 mil barriles por día.[4]

Entonces vino el choque con James Schlessinger, el Secretario de Energía. Ya cuando ambos países habían acordado que México vendería gas a los Estados Unidos, y aprobado la construcción de un gasoducto que iría desde México a los Estados Unidos a un costo de 1,500 millones de dólares. Schlessinger vetó el acuerdo porque consideraba que los precios de México eran muy elevados. El gasoducto fue desviado hacia Monterrey, el centro industrial del norte, hiriendo profundamente el orgullo mexicano, como el presidente Carter pudo comprobar durante su visita a México en 1979. Recientemente las negociaciones se han reanudado y se han nombrado comisiones para tratar éste y otros asuntos que afectan a ambas naciones.

Los indocumentados y "La cortina de tortilla"

Un asunto muy delicado es el problema de los indocumentados. Se dice que anualmente unos tres millones de trabajadores mexicanos cruzan la frontera entre Estados Unidos y México *ilegalmente,* de los cuales un millón son detenidos por las autoridades. Pero algunos expertos estiman que hay cerca de diez millones de mexicanos indocumentados que viven y trabajan en los Estados Unidos. Estas personas cruzan la frontera tentados por la posibilidad de encontrar trabajo en los Estados Unidos. Millones de obreros rurales desocupados continúan cruzando la frontera a pesar de que los salarios que reciben son muy injustos (las mujeres trabajan por un dólar el día y los hombres por tres y cuatro dólares diarios) que constantemente corren el riesgo de ser denunciados y deportados. John Ehrlichmann dice: "Las fuerzas económicas que atraen a los mexicanos sacándoles de sus campos y aldeas son tan irresistibles como la ley de gravedad".[5]

Ehrlichman, el famoso consejero del ex-presidente Richard Nixon, resulta ser un testigo inesperado sobre el problema de los "mexicanos ilegales". Después de pasar 18 meses con presos mexicanos en la prisión federal de Stafford, Arizona, Ehrlichmann escribió el citado artículo que merece lectura y circulación entre los cristianos interesados en esta problemática. Después de convivir con cientos de reclusos mexicanos y de entrevistar a muchos de ellos, Ehrlichmann tiene mucho que opinar sobre el sistema de reclutamiento de trabajadores mexicanos; el ineficiente sistema de las patrullas fronterizas; sobre la discriminación y el trabajo forzado a que son sometidos los mexicanos en las prisiones por las fuerzas policíacas. Tiene mucho que decir también acerca de la queja común de que los "ilegales" son una carga para el programa de bienestar social de los Estados Unidos, y que son una competencia para los trabajadores norteamericanos. Demuestra—con hechos y cifras— que los mexicanos están haciendo los trabajos sucios que nadie quiere hacer, y que los impuestos que pagan son muy superiores a los beneficios que algunos de ellos reciben del programa de bienestar social. También señala los muchos beneficios que los patrones norteamericanos obtienen de los mexicanos quienes trabajan largas horas por muy poco sueldo. Concluye su artículo en una forma sordente:

> No necesitamos ni alambradas eléctricas ni policías crueles. Si realmente queremos parar el movimiento de los ilegales, el Congreso simplemente debe convertir la contratación de ilegales en un delito. Cuando se envíen algunos patrones a la cárcel, los trabajos para los ilegales se acabarán.
> Este recurso draconiano daría resultado, a la corta o a la larga, pero nosotros seríamos mucho más pobres como nación. Estados Unidos se ha enriquecido por los mexicanos que están aquí. . . Son mayormente gente de buenas familias que encarnan la ética del trabajo. Es cierto que algunos de ellos son tan tercos, deshonestos e inmorales como algunos de sus vecinos norteamericanos. Pero la mayoría de ellos son gente de calidad, como yo he podido comprobar durante mis 18 meses en prisión.

He aquí un hombre que estuvo en la cima del gobierno de los Estados Unidos y que repentinamente cayó a lo más bajo de su sociedad, y quién luego tuvo la oportunidad de palpar y sentir la desnudez humana; que oyó el "clamor de mi pueblo" alrededor de la

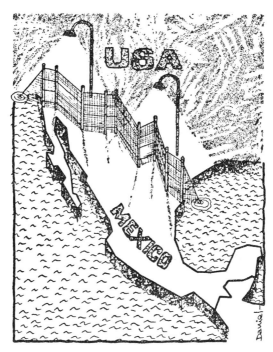

"La Cortina de tortilla" por Daniel, tomado de Migration Today, *No. 23, 1979, Consejo Mundial de Iglesias.*

frontera y que levantó su voz, fuerte y clara en favor de ellos. Nuestra pregunta entonces es ¿qué están haciendo los critianos? ¿Qué vamos a hacer los cristianos?

La misión en el umbral

En realidad, el problema de los indocumentados es muy complejo y delicado. El gobierno mexicano y los gobernantes mexicanos están llamados a confrontar este dilema responsablemente. Las autoridades norteamericanas también son responsables y han llevado sus preocupaciones al mismo Congreso. Los patrones, los trabajadores y sindicatos norteamericanos comparten, no solo el problema, sino también la solución. Los cristianos tienen algo que contribuir como ciudadanos responsables que buscan la justicia y la "paz de la ciudad". Pero, ¿cuál ha der ser la responsabilidad de nuestras iglesias?

La Iglesia Católica ha tomado una posición clara en el asunto. Se ha identificado plenamente con los inmigrantes y ha presentado el problema como cuestión de derechos humanos. Citando al Papa Paulo VI en la "Instrucción sobre el cuidado pastoral de los migrantes" de

1969, los católicos afirman que el derecho humano de trabajar y alimentar la familia "precede a los derechos de una nación de establecer fronteras, y controlar las entradas y las salidas de esa nación".[7] El obispo Patricio Flores de El Paso, Texas, dijo que la "cortina de tortilla" (nombre que se la ha dado a la idea de construir una valla a lo largo de la frontera) es "ridícula y una tontería" porque "los hambrientos romperán cualquier barrera", y declaró que la mejor manera de entender a los indocumentados era "estando en contacto con ellos, porque la palabra de Dios se hace carne cuando somos parte de los demás". La Iglesia Católica cuenta con 29 oficinas de Migración y Servicio para Refugiados. (Esto es lo que podríamos llamar una evangelización encarnada).

¿Y qué van a hacer las iglesias Protestantes de los Estados Unidos? El mismo informe citado anteriormente dice que los miembros de la Iglesia Unida de Cristo, los episcopales, luteranos y católicos, han logrado llegar a un consenso sobre la urgencia de "hacer algo por esta necesidad humana. Debemos de tratar con los derechos humanos, por encima de cualquier ley". También hemos oído de algunas iglesias que proveen servicios especiales para los indocumentados.*

Nosotros no somos los indicados para sugerir cómo las iglesias de Norteamérica deben responder a este desafío. Pero no dejamos de pensar que esto es, ni más ni menos, el significado de la misión. A través de los años, las iglesias de Norteamérica han sido muy generosas en cuanto al envío de misioneros, fondos y oraciones a las más remotas áreas del mundo. Pero en el caso de los trabajadores migrantes ¡la misión está en el umbral! El mundo se encuentra como el paralítico, a la puerta del templo (Hechos 3).

¿Qué vamos a hacer? Si leemos la Biblia correctamente descubriremos que la Biblia es el libro de las migraciones y que Dios es el Dios de los migrantes. Pensemos cómo Dios realizó sus propósitos a través de la migración de la tribu de Abraham quién "salió sin saber adónde iba"; y cómo Dios obró a través del viaje de Jacobo a Egipto, buscando pan en un período de hambre y escasez; y cómo Dios usó la venta de José como esclavo a los egipcios; y cómo Dios preparó a su pueblo a través del Exodo, la cautividad, el exilio y el retorno. . . En el Nuevo Testamento los cristianos son llamados "peregrinos y extranjeros" en busca de una nueva ciudad. . . Los inmigrantes—legales o ilegales—no son simplemente problemas. Desde una perspectiva bíblica, son el instrumento divino que impulsa la historia.

---

*Por ejemplo, la Iglesia Metodista Latinoamericana, 1350 Redondo Avenue, Long Beach, Ca. 90804.

Son, o deberían ser, una oportunidad misionera para la iglesia. Si esto es así, "el clamor de mi pueblo" pasará a ser el llamado de Dios.

El Canal de Panamá: Vena yugular de América

Otro vínculo común es el Canal de Panamá. Panamá es la vena yugular de América. Geográficamente el Istmo de Panamá estaba destinado a ser tierra de contactos o manzana de la discordia. Simón Bolívar, gran visionario y uno de los genios militares más grandes de la historia, escribió en su Carta desde Jamaica el 6 de septiembre de 1815:

> Esta posición excelente entre los dos grandes mares podría llegar con el tiempo a ser el emporio del universo. Sus canales acortarán las distancias del mundo, estrecharán los lazos comerciales de Europa, América y Asia; traerán a esta tierra tan feliz los cuatro cantones de la tierra. ¡Puede ser que un día aquí pudiera establecerse la capital de la tierra como Constantino pretendía hacer con Bizancio en el antiguo hemisferio!

Habían otros soñadores. En 1890 durante el auge del "Destino Manifiesto" cuando a expansionista nación del Norte no tenía más tierras que conquistar, Alfred Thayer Mahan, del Colegio de Guerra Naval en Newport, Rhode Island, escribió un famoso libro titulado *La Influencia del Poder Marítimo en la Historia*. Según este autor, el mar Caribe era el Mediterráneo americano y, cómo el Mediterráneo, exigía un canal que fuera no simplemente un cruce de rutas comerciales, sino una vía militar esencial. Decía Thayer que la grandeza nacional y la supremacía comercial estaban estrechamente ligadas a la supremacía marítima. El Istmo de Panamá era la respuesta a esta visión grandiosa.

Teodoro Roosevelt fue la primera persona influyente que leyó este libro y captó su importancia. En su primer mensaje al Congreso, Roosevelt destacó que "en este continente no queda nada tan grandioso por hacer de tan grandes consecuencias para el pueblo norteamericano" como la construcción de un canal en América Central. David McCullough, a quien hemos seguido en estos párrafos, dice en su famoso libro *The Path Between the Seas*:

> Roosevelt no promovía ni una aventura comercial ni una obra de utilidad universal. Según él, el canal era el paso vital e indispensable hacia el destino global de los Estados Unidos de América en primera y última instancia. El soñaba con ver

el país convertido en un poder dominante en los dos océanos,
y éstos unidos por un canal construído, poseído, operado,
patrullado y fortalecido por su país. El canal sería el paso
necesario para la supremacía norteamericana de los mares.[8]

Pero fue el legendario francés, Ferdinand de Lesseps, constructor
del Canal de Suez—y la compañía francesa organizada por él—los
iniciadores de la gran ventura de construir un canal en el istmo tropical
de Panamá. Cuando Lesseps viajaba por los Estados Unidos
promoviendo la empresa del Canal, el Presidente Hayes envió un
mensaje al Congreso estableciendo claramente la política de los
Estados Unidos en el asunto:

Un canal interoceánico. . . será la ruta marítima que unirá
nuestras costas Atlántica y Pacífica, conviertiéndose virtualmente en parte de la línea costera de los Estados Unidos. La
política de este país es establecer un canal bajo el control
norteamericano.[9]

El hecho de que el canal se tenía que construir en *otro* país no parecía
tener importancia. El Presidente de los Estados Unidos consideraba al
Canal como "virtualmente en parte de la línea costera" de *su* país.

Llegó el momento en que las obras del canal serían compradas a la
compañía francesa que estaba casi en bancarrota. Teodoro Roosevelt
fue el hombre llamado a llevar adelante esta empresa. Pero había una
complicación: el istmo de Panamá pertenecía a Colombia, un país
sudamericano con el cual los Estados Unidos había firmado un tratado
en 1846. En ese tratado se le había garantizado a los Estados Unidos
"el derecho exclusivo de tránsito a través del istmo de Panamá" y, en
compensación los Estados Unidos garantizaban a Colombia "la
perfecta neutralidad del istmo" y el derecho de soberanía. El gobierno
de Colombia puso objeciones al asunto de la soberanía y su
participación en el arreglo financiero, porque después de todo se
trataba de territorio colombiano. Pero las comunicaciones entre
Washington y Bogotá eran lentas en aquella época y los legisladores
norteamericanos estaban ansiosos de finalizar las negociaciones.
Colombia fue presionada—inclusive mediante un ultimatum—indi-
cándosele que el Canal podría ser construído en Nicaragua o que bien
se podía llegar a un nuevo acuerdo con la provincia de Panamá. La
prensa de la época indicaba que se contemplaba sobriamente la
posibilidad de guerra con una república sudamericana.[10]

"Arreglo heterodoxo"—"Una Extraña Revolución"

El presidente Roosevelt y sus colaboradores inmediatos querían actuar con rapidez y eficiencia. Sus consejeros les habían dicho que "estaban tratando con los personajes más estafadores y más corruptos de América Latina, y que la cuestión de la soberanía era pura hipocresía política". El mismo presidente hablaba con enojo de "esos bandidos en Bogotá", de "esos animalejos insolentes", y advertía que "puede ser que tengamos que darles una lección a esas liebres montaraces."

Y procedieron con rapidez y eficiencia. El hecho de que en Panamá existía un antiguo anhelo de autonomía, proveyó la clave necesaria y el instrumento adecuado para llevar a cabo sus planes. Unos días antes de llegar los delegados panameños a Nueva York, ya el tratado había sido firmado por el Secretario de Estado y Philippe Bunau-Varilla. Bunau-Varilla tenía listo "un paquete revolucionario" para los secesionistas panameños, incluyendo una "proclamación de independencia, un plan militar básico, un esquema de defensa para las ciudades de Colón y Panamá, el borrador para una Constitución y una clave secreta para la correspondencia entre él y los rebeldes". Misteriosamente se procesó un préstamo modesto para financiar la revolución en Panamá. Las fuerzas navales en el Pacífico recibieron órdenes de enfilar hacia el istmo. El comandante del acorazado *Nashville* recibió órdenes secretas de anclar en el puerto de Colón para impedir el desembarco de tropas colombianas y tomar control inmediato del ferrocarril, el único medio de comunicación que podrían usar las tropas colombianas. Pocos días después de la Declaración de la Independencia de Panamá, 10 barcos de guerra norteamericanos arribaron simultáneamente a las ciudades de Colón en el Atlántico y de Panamá en el Pacífico. Este episodio fue un buen ejemplo de la "política del garrote" de la que tanto se jactaba Roosevelt. "Yo tomé el Canal", decía el presidente.

McCullough concluye que el resultado final fue "un arreglo heterodoxo", y "una extraña revolución".

El embajador norteamericano en Bogotá, James T. Dubois, recordó a sus compatriotas que "los colombianos tenían un gran respeto por los ideales políticos de los Estados Unidos al sur del Río Bravo". En 1912, nueve años después de la firma del tratado, Dubois agregaba:

> Al rehusar permitir a Colombia mantener sus derechos de soberanía sobre el territorio que había tenido bajo su dominio por 80 años, la amistad de casi un siglo desapareció

provocando la indignación de toda Colombia y de millones de latinamericanos. Todavía estos sentimientos se mantienen vigentes. La confianza en la justicia y la honradez de los Estados Unidos, por tanto tiempo manifestada, se desvaneció completamente y la influencia maléfica de esta condición permea la opinión pública en todos los países de América Latina, una condición que, si no se invocan medidas correctivas, hará un daño inestimable a través de todo el hemisferio occidental.[11]

Estas palabras resultaron realistas y proféticas. Sin embargo, las "medidas correctivas" sobre la cuestión del canal habrían de esperar 75 años más. Mientras tanto, para bien o para mal, éste ha sido un componente inseparable de las relaciones entre el Norte y el Sur. Teodoro Roosevelt se sentiría ofendido de ser llamado imperialista, pero para "mi pueblo", que vive, de la historia" en el anverso el *imperialismo* es la palabra que surge para calificar esta clase de acción.

El Tratado de Panamá

Surgieron otras voces norteamericanas—universidades y la prensa liberal—para protestar contra este "crimen", y hubo otros que reconocieron que ésta era, en verdad, una transacción extraña. El senador por Mississippi, Hernando de Soto Money, estaba de acuerdo en que:

Este tratado llega a nosotros con concesiones más liberales para nosotros que las que nadie en esta Cámara podía haber soñado. . . Nunca hemos recibido una concesión tan extraordinaria como ésta. En realidad, suena como si lo hubiéramos escrito nosotros mismos.

El Secretario de Estado, John Hay, escribió al Senador Spooner:

El tratado fue satisfactorio y muy ventajoso para los Estados Unidos, y debemos confesar, aunque no tengamos cara para ello, no tan ventajoso para Panamá. . . Usted y yo sabemos demasiado bien cuántos puntos hay en este tratado a los cuales objetaría un patriota panameño.[12]

¡Ciertamente! Los patriotas panameños han objetado por largo tiempo la situación humillante de este "enclave colonial" donde su nación ha quedado dividida por una faja de 16 kilómetros de ancho: La Zona del Canal.

Las "objeciones patrióticas" culminaron en la crisis de 1964 cuando el país fue arrasado por desórdenes callejeros cuando un grupo de estudiantes panameños, indignados porque su bandera había sido bajada por los estudiantes de la Zona, marcharon hacia allí e intentaron izarla. Fueron repelidos por las tropas norteamericanas quienes dispararon en contra de ellos, matando a varios de los manifestantes. Este incidente afortunadamente impulsó las nuevas negociaciones para revisar el tratado. Estas negociaciones han continuado bajo los siguientes cuatro gobiernos de los Estados Unidos, y culminaron con la firma de un nuevo tratado por el Presidente Carter. El proyecto todavía está en discusión en el Congreso de los Estados Unidos (mientras escribimos este libro) y si es aprobado, el tratado se hará efectivo en el año 2000 cuando el canal y la Zona pasarán a manos panameñas. Confiemos que éste pueda ser el comienzo de una nueva actitud y de una nueva política entre el Norte y el Sur—para bien, y no para mal.

En América Latina, la noticia del nuevo tratado ha sido recibida con alivio y esperanza. Alivio del sentimiento de impotencia frente a una realidad de injusticia y de dominación humillante. Y esperanza de que el tratado sea el primer paso en la dirección correcta, culminando con la entrega incondicional del canal a manos panameñas; el retiro de todas las bases militares y el fin del entrenamiento de oficiales latinoamericanos quienes en la última década se han convertido en fuente de tortura y represion en América Latina. En otras palabras, la esperanza en la descolonización total de Panamá. El ex-presidente, General Omar Torrijos, ha dicho que "Panamá está comprometido en un proceso irreversible de descolonización". El Congreso Cristiano del la Paz, que se reunió en Ciudad de Panamá en abril de 1978, dió al gobierno panameño su apoyo incondicional para lograr sus metas y esperanzas. El presidente a la vez había expresado su reconocimiento de que voces como la del Congreso Cristiano de la Paz "muestran al mundo que la palabra cristiana. . . es un clamor de esperanza para aquellos que tienen hambre y sed de justicia".*

Este clamor por justicia, es el *canto firme* del "clamor de mi pueblo" en Panamá y a través de toda América Latina.

Bajo la sombra de la Doctrina Monroe

Las relaciones entre el Norte y el Sur, entre los Estados Unidos y los

---

*Primer Congreso Continental, No. 1, pags. 83-89f. Vea también New World Outlook, septiembre 1975, pag. 37; The Christian Century, 7 de septiembre, 1977, pags. 755f; enero 1978, pags. 13-18; abril 1978, pag. 347; Latin America Press, Lima, Perú, 5 de julio 1979; Time, 31 de octubre, 1977, pag. 26; Dallas Times Herald, 20 de noviembre, 1977, pag. G-3.

países lationamericanos, han estado por más de siglo y medio bajo la sombra de la doctrina Monroe.[13] Esta norma de política exterior ha influenciado el rumbo del hemisferio desde su nacimiento en 1823, cuando los países latinoamericanos luchaban por su independencia de España. El mensaje del Presidente James Monroe al Congreso el 2 de diciembre de 1823, decía:

> En honor al candor y a las relaciones amistosas que existen entre los Estados Unidos y aquellos poderes (europeos), declaramos que debemos considerar todo intento de su parte de extender su sistema a cualquier porción de este hemisferio como peligroso para nuestra paz y seguridad.

Tal y como lo quería el Secretario de Estado John Quincy Adams, ésta era una declaración de la política norteamericana, una doctrina unilateral. La nueva nación estaba diciéndole a los poderes europeos que se alejaran de sus antiguas colonias en el hemisferio sur. ¿Por qué? Porque América Latina formaba parte de la zona de seguridad de los Estados Unidos. De hecho, esta doctrina sirvió de apoyo a las causas independentistas de los nuevos países latinoamericanos. Pero, al mismo tiempo, significaba que las nuevas naciones nacían dentro de la autodeclarada hegemonía de la república del norte. Esta es una de las raíces de conflicto más profundas en nuestras relaciones como nuevas naciones del hemisferio. Es justo reconocer que, después de vacilar durante nueve años, los Estados Unidos se convirtieron en el "campeón de los nobles esfuerzos de las demás naciones americanas para obtener su libertad de España, Francia y Portugal", y fue la primera nación en reconocer los nuevos estados latinoamericanos. Este fue un gran servicio. Y fue el origen de la simpatía, admiración y prestigio de Estados Unidos en el Sur.

Más adelante, sin embargo, aparecieron señales confusas en la aplicación de la doctrina Monroe. El Presidente John Quincy Adams advirtió al propio Simón Bolivar que no intentara liberar a Cuba ni a Puerto Rico de la dominación española. Estados Unidos guardó silencio frente a la ocupación británica de Honduras y de las Islas Malvinas (punto aún candente entre Gran Bretaña y la Argentina). En 1845, el Presidente Polk revivió la doctrina Monroe cuando parecía que los poderes europeos podrían tratar de impedir la anexión de Texas a los Estados Unidos.

En 1895, cuando los Estados Unidos reclamó el derecho de arbitrar entre Venezuela y Gran Bretaña en la controversia sobre límites entre Venezuela y Guyana, se perfilaron las verdaderas implicaciones de la doctrina Monroe. El Secretario Olney dijo a los británicos "Hoy en día los Estados Unidos son *prácticamente soberanos* en este continente y su voluntad es ley para todos aquellos que estén dentro de los confines de su jurisdicción o intervención".[14]

Una triste historia de intervenciones

La triste historia de intervenciones sucesivas de los Estados Unidos en las naciones latinoamericans comenzó en 1897 cuando los Estados Unidos impidió la formación de una Federación Centroamericana. En 1898, la explosión accidental del *Maine* en el puerto de La Habana condujo a la "espléndida pequeña guerra" contra España, que terminó con la adquisición de Puerto Rico como posesión de los Estados Unidos y con el control efectivo sobre Cuba, incluyendo el derecho a perpetuidad sobre la base de Guantánamo. Los cubanos se vieron obligados a aceptar la Enmienda Platt que dió a los Estados Unidos el derecho a intervenir en Cuba, siempre y cuando el gobierno norteamericano considere que la propiedad y la vida estuvieran amenazadas. En realidad, Estados Unidos intervino en Cuba hasta 1934, pero mantuvo el control de la economía hasta la llegada de Fidel Castro en 1959.

El Presidente Teodoro Roosevelt dió a la doctrina Monroe un giro notable con su famoso *Corolario* de 1904, convirtiéndola en una doctrina abiertamente intervencionista.

> La maldad crónica o la impotencia que traiga como consecuencia un debilitamiento de los lazos de la sociedad civilizada, puede requerir en América, o en otras partes, la intervención de una nación civilizada, y en el hemisferio occidental la adhesión de los Estados Unidos a la doctrina Monroe puede forzar a los Estados Unidos, aunque sea renuentemente, en casos de flagrante maldad o impotencia, a ejercitar un poder policíaco internacional.[15]

Con este Corolario, Estados Unidos dejó de ser el campeón de la libertad y el aliado amigo, para convertirse en tutor, en un "poder policíaco" autodesignado. Desde ese momento y durante los siguientes 30 años, se sucedieron las intervenciones a razón de dos por año, como promedio, y no porque poderes extranjeros intervinieran en América, sino porque las condiciones internas eran consideradas como "adversas" o "impotentes" por los Estados Unidos. En Haití la ocupación norteamericana duró 19 años, en Nicaragua 20 años y en la República Dominicana ocho años. En todos estos casos la Marina de Estados Unidos ayudó a establecer y mantener "algunas de las dictaduras más detestables, duraderas y generalmente más viciosas que haya conocido jamás América Latina".

El caso más patético fue el de las intervenciones bajo el Presidente Wilson. A causa de su idealismo, Wilson era uno de los estadistas más admirados en América Latina. Su prestigio surgió por ser el fundador de la Liga de las Naciones, por sus iniciativas de paz y por su estatura moral. Aparentemente él no era un intervencionista, pero apoyó las intervenciones en México, la República Dominicana y Haití. Herbert L. Mathews, del *New York Times* dice:

> Las actividades del Presidente Wilson entre 1913 y 1917, fueron ejemplos del intervencionismo más escandaloso, inexcusable e inútil en la historia de nuestras relaciones con América Latina.[16]

Esta experiencia nos enseña que para lograr la justicia en las relaciones internacionales no bastan las buenas intenciones de algunos estadistas; hay otros factores que influyen, tales como las estructuras internacionales, las presiones políticas, los intereses económicos y las maniobras militares. También nos enseña que el *imperialismo* no se limita a la conquista territorial (Wilson había dicho que "los Estados Unidos nunca más añadiría un solo adicional a su territorio por medio de la conquista"), sino que también tiene que ver con el intervencionismo militar, la expansión económica, el control político o el llamado "poder policial".

En 1926, la Marina norteamericana se encontraba de nuevo en Nicaragua, esta vez para respaldar y apoyar oficialmente al Presidente Chamorro y para cooperar en la caza del líder revolucionario Augusto Cesar Sandino, finalmente asesinado en una emboscada preparada por el clan de Somoza. Al terminar la ocupación, la Marina dejó el país en manos de Anastasio Somoza, un oficial entrenado por ellos. La dinastía de los Somoza gobernó el país con mano de hierro por 46 años. En 1979, después de largos años de represión y sufrimientos y con un saldo de 30 mil muertos a manos de la Guardia Nacional y la destrucción económica del país por los bombardeos de los aviones somozistas, el pueblo nicaragüense, dirigido por el Ejército Sandinista, ha comenzado un período de reconstrucción nacional. Esta vez Estados Unidos se mantuvo a la expectativa. Al principio propuso una intervención colectiva por parte de la Organización de Estados Americanos, pero la recomendación fue repudiada por México y los países andinos. Al retirar la ayuda militar a Somoza, los Estados Unidos contribuyó a la caída definitiva del tirano. Los países latinoamericanos han recuperado su dignidad al aferrarse a su propia decisión y esta vez la política exterior de los Estados Unidos muestra ciertos rasgos de la antigua política del Buen Vecino.*

La Política del Buen Vecino

Durante los años de la Depresión, la doctrina Monroe, según ha sido interpretada y aplicada, empezó a declinar y sus manifestaciones intervencionistas fueron disminuyendo. En 1928 el Secretario de Estado J. Reuben Clark, criticó como "injustificable" el Corolario de Teodoro Roosevelt. En su mensaje inaugural en marzo de 1933, el nuevo Presidente, Franklin Delano Roosevelt, formuló lo que luego se convertiría en la nueva política exterior del país:

> Yo quisiera dedicar esta nación a la política del Buen Vecino—el vecino que resueltamente se respeta a sí mismo y por ende, respeta los derechos de los demás.

Ese mismo año, la Conferencia Panamericana, reunida en Montevideo, afirmó el principio de "no intervención en los asuntos internos de otros estados". Cordell Hull firmó la declaración por parte de los Estados Unidos. El año siguiente la Enmienda Platt fue anulada y la Marina de los Estados Unidos fue retirada de Haití y Nicaragua. Cuando el Presidente Lázaro Cardenas de México nacionalizó las companías norteamericanas de petróleo, no hubo ninguna intervención por parte de los Estados Unidos. Esos eran los años de la política del Buen Vecino. Y es por esto que Franklin Delano Roosevelt siempre será recordado en América Latina, y la política del Buen Vecino servirá siempre como punto de referencia en las relaciones entre el Norte y el Sur.

Durante la Segunda Guerra Mundial, la política del Buen Vecino dió muy buenos resultados. Con la excepción de Chile y Argentina, todos los países latinoamericanos pasaron de una "neutralidad benevolente" hacia el apoyo activo de los Aliados, declarando la guerra al Eje y supliendo materias primas y estratégicas a precios reducidos como buenos aliados. El nazismo era una amenaza real y todas las simpatías estaban con la heroica Gran Bretaña y con la participación de Estados Unidos en la guerra. En esos años la doctrina Monroe se interpretaba diciendo: "América para los americanos".

La guerra fría y el anticomunismo

Luego vinieron los años de la "guerra fría". Estados Unidos se había convertido en el enemigo número uno del "comunismo interna-

---

*Escrito en 1979.

"El derecho a vivir" por Solón.

cional". La política exterior era dirigida por un "anticomunismo fanático". Cualquier gobierno sería apoyado, sin importar cuán dictatorial o represivo fuera, siempre que profesase ser anticomunista. Todo gobierno era saboteado o directamente derrocado si se sospechaba que tenía inclinaciones izquierdistas o estaba envuelto en reformas sociales que pudieran afectar los intereses de las empresas capitalistas extranjeras. Para esta época sin embargo, se creó un instrumento colectivo de intervención y una nueva forma de aplicar la antigua doctrina Monroe, reformulada una y otra vez por las administraciones de Truman/Acheson y Eisenhower/Dulles. En 1947 se firmó el Tratado de Asistencia Recíproca de Río de Janeiro y en 1948 se creó la Organización de Estados Americanos (OEA). En 1954, en la Conferencia de la OEA en Caracas, el Secretario de Estado John Foster Dulles, fue el arquitecto de una resolución que, de hecho, era una nueva versión de la doctrina Monroe.

El dominio o control de un gobierno en cualquiera de los países americanos por un movimiento comunista, constituye una amenaza a la paz y a la soberanía de todas las repúblicas.

Siete de los peores dictadores de América Latina firmaron esta declaración "democrática". Esto fue el paso inicial para la condenación del régimen de Guatemala, recien embarcado en algunas reformas sociales y económicas moderadas que podrían afectar los intereses de la *United Fruit Company,* dueña de los puertos, los ferrocarriles y las exportaciones agrícolas. Poco después, un pequeño ejército, entrenado y financiado por la Agencia Central de Inteligencia (CIA), invadió el país desde Nicaragua derrocando el gobierno de Guatemala.

Crisis en el sistema interamericano

En 1965 se inició un movimiento democrático en la República Dominicana. Esta vez 20 mil infantes de la Marina de Guerra de los Estados Unidos, invadieron la isla sin ninguna acción colectiva por parte de la OEA. Este fue el "tiro de gracia" en la conciencia latinoamericana sobre el verdadero valor del sistema interamericano. El poder era el factor decisivo; no importaba cuán adecuadas fueran las construcciones jurídicas de la OEA y las reiteradas declaraciones sobre la "no intervención en los asuntos internos de los estados". La reacción violenta y negativa en contra de la visita del vice-presidente Richard Nixon a América Latina en 1958, tiene que verse dentro del contexto de las intervenciones norteamericanas en América Latina.

Pero el punto más crítico en las relaciones del hemisferio ha sido la revolución cubana. La reacción de los Estados Unidos a un régimen socialista en América Latina, fue de rechazo total. Los Estados Unidos reaccionó cancelando su cuota anual de azúcar, una cuestión de vida o muerte para la economía cubana. Después Estados Unidos fue el iniciador del boycott y el bloqueo contra Cuba; además presionó para que la OEA expulsara a Cuba de esa organización; organizó la invasión de Bahía de Cochinos, y, según declaraciones recientes de la CIA, conspiró para asesinar al Primer Ministro Fidel Castro. Los países latinoamericanos rompieron relaciones con Cuba, algunos con alegría (la mayoría de las dictaduras), algunos con cierta duda (ciertos regímenes democráticos) y solo México mantuvo su autonomía, declarando que mantendría relaciones diplomáticas formales con el nuevo régimen de Cuba.

Al surgir la crisis de los proyectiles entre Estados Unidos y la Unión Soviética, la reacción espontánea de los países latinomaricanos fue de apoyo unánime a los Estados Unidos. Esta vez se trataba no de una guerra ideológica contra la política interna de otra país, sino de una cuestión de vida y muerte o de paz y guerra en el hemisferio. En esta ocasión no eran necesarios las usuales tácticas manipulativas trás bambalinas. Dentro de este contexto la doctrina Monroe tenía más sentido porque se trataba del enfrentamiento entre los dos grandes poderes en nuestro propio hemisferio.

Según Celso Furtado, notable economista brasileño, la crisis cubana de los cohetes puede interpretarse como una actualización de la doctrina Monore.

> Según las nuevas reglas, dos opciones se abren a los países en América Latina: la intergración política y económica bajo la hegemonía de los Estados Unidos, definiendo cada situación particular dentro de la esfera de influencia del superpoder, o el país en cuestión sólo puede esperar que se "tolere" su soberanía de acuerdo a las reglas establecidas para cada caso por el poder dominante.[17]

¿Países Satélites?

Esto se puede explicar, aunque suene paranoico para nuestros amigos norteamericanos, por qué muchos latinoamericanos creemos que formamos una especie de órbita de satélites. Naturalmente contamos con libertades y posibilidades que no son evidentes en los países de la órbita soviética, pero por otra parte, hay límites específicos dentro de la autodeterminación de nuestras naciones y estamos muy lejos de disfrutar relaciones de igualdad. Es esencial que este punto se entienda y que se acepte como un hecho en las relaciones entre el Norte y el Sur, ya sea para bien o para mal.

La Alianza para el Progreso, lanzada por el Presidente Kennedy y continuada por el Presidente Johnson, fue un intento de revivir la política del Buen Vecino, con un esfuerzo constructivo para el desarrollo económico y la reforma social. Durante la presidencia de Richard Nixon la Alianza retrocedió y el modelo de "asociación" en el hemisferio vió aumentar las operaciones de las empresas privadas y la continua ampliación de la ayuda militar y la asistencia a los ejércitos y a las fuerzas policiales, que resultó más efectiva para la represión en ésta década de cautiverio. Otros proyectos de asistencia mutua, empezados en años anteriores, continúan en el presente.

Hoy día*, la publicitada campaña por los derechos humanos del Presidente Carter, el nuevo tratado del Canal de Panamá, el respeto hacia la revolución nicaragüense y la aparente apertura hacia Cuba, bien pueden ser señales de esperanza. Es importante volver a establecer un ambiente de confianza entre nuestros países. La política del Buen Vecino nos ha afectado por 15 de los 155 años de nuestra existencia como países independientes y las relaciones mutuas con los Estados Unidos. Bien puede ser que el tiempo ha llegado para empezar de nuevo, porque estamos ligados el uno al otro, para bien o para mal.

"El clamor de mi pueblo" es un clamor por la dignidad y el respeto mutuo entre el Norte y el Sur. Es un clamor para bien, no para mal.

---

*1979

41

III

EL ESPEJISMO DEL CRECIMIENTO ECONOMICO
El desarrollo del subdesarrollo

Aquellos que tienen un conocimiento superficial de América Latina fácilmente la asocian con las palabras *mañana y siesta*. Un estereotipo común del ciudadano al sur del Río Bravo es el de un mexicano durmiendo debajo de un sombrero gigante. Es también una ilusión común que los más afortunados piensen que sus "triunfos" se deban al sudor de su frente, y que los pobres no han "triunfado" porque son perezosos. ¡Naturalmente estas son caricaturas, lo mismo que las que representan al norteamericano como un "cowboy" o como un magnate de Wall Street, con sombrero de copa, con vestido de etiqueta, con los bolsillos llenos de dólares y fumando un gran cigarro!

Sería fácil explicar el problema del subdesarrollo como una cuestión de pereza latina, (aunque la llamada "pereza" de la gente pobre a menudo no es otra cosa que falta de vitaminas y proteínas en su dieta). Pero el esfuerzo de los trabajadores de las grandes plantaciones de América Central—que cortan caña de azúcar desde que sale el sol hasta que se pone—no es menor que la del ejecutivo en su avión o en su despacho, o de la secretaria en su oficina que trabaja ocho horas con pausas para el café y el almuerzo. Los campesinos indígenas de las tierras altas no disfrutan de domingos porque es el día de llevar al mercado sus productos. Los habitantes urbanos de México, Buenos Aires o Sao Paulo, ni siquiera recuerdan lo que es una siesta ¡desafortunadamente!

No, América Latina no ha estado durmiendo siesta. Los pueblos del Sur han estado trabajando duro: a excepción de los desempleados forzosos. Los trabajadores en las fábricas del Sur han sido capaces de operar las nuevas maquinarias tan bien como sus colegas del Norte. Los tecnócratas de América Latina han aprendido rápidamente a proyectar, organizar y a aumentar la productividad. Ciertamente no es falta de trabajo duro lo que produce el llamado "subdesarrollo".

Crecimiento económico sin desarrollo humano

Durante la última década el Producto Nacional Bruto (PNB) en América Latina ha crecido con cierta regularidad. En realidad, el hemisferio sur ha sido una de las áreas más dinámicas del mundo en términos de crecimiento económico y productividad. En 1950 el PNB fue de 60 mil millones de dólares, en 1974 de 220 mil millones de dólares y en 1977 de 334 mil millones de dólares. Durante los primeros años de la década de los sesenta la tasa real de crecimiento (descontando el efecto de la inflación) fue de 7.6%. Disminuyó durante 1977 (un año de recesión) a un 4.5% mientras que ese mismo año el crecimiento anual de los países desarrollados fue de 3.7%. En conclusión, el PNB durante la década 1968-1978 tuvo un promedio de incremento anual de 5.8%.

Y sin embargo, parece que el "subdesarrollo" va a continuar y que el "desarrollo" tan esperado no está a la vista todavía. . . La vida de los pobres no ha mejorado. De hecho, esta década ha sido la más dura para millones de latinoamericanos. La brecha entre pobres y ricos dentro de nuestros países ha aumentado y la brecha entre los países pobres y ricos es aún más ancha. ¿Por qué? Porque mientras el Producto Nacional Bruto aumentó, el Ingreso per Cápita (IPC) de la gran mayoría del pueblo declinó. Una cosa es incrementar la producción nacional y otra cosa es obtener una distribución justa del ingreso entre todos los miembros de la sociedad. Aprendamos el nombre del juego: ¡una cosa es el PNB y otra el IPC!

El "ingreso per cápita" en dólares (se obtiene dividiendo el PNB por la población total) en 1975 fue:

Argentina	US$1,301 por año	Perú	US$564 por año
Venezuela	$1,235 por año	Nicaragua	$438 por año
Panamá	$ 978 por año	Guatemala	$462 por año
México	$ 967 por año	El Salvador	$420 por año
Uruguay	$ 880 por año	Ecuador	$415 por año
Chile	$ 779 por año	Rep. Dominicana	$434 por año
Costa Rica	$ 728 por año	Paraguay	$390 por año
Brasil	$ 568 por año	Bolivia	$276 por año
Colombia	$ 565 por año	Haití	$105 por año

El IPC de los Estados Unidos en ese mismo año fue de US$4,838, y el de Canadá fue de US$4,520.

La tabla indica que en los países de la columna de la derecha, la gran mayoría del pueblo vive a un nivel de mera supervivencia. Tenemos que darnos cuenta que el IPC no es solamente una cifra promedio, lo que significa es que mientras algunos reciben un ingreso real muy superior a esas cifras, hay otros que reciben menos del promedio. El 20% de la población total de América Latina recibe el 66% del ingreso total, mientras que el otro 20% recibe solamente el tres por ciento del ingreso total. Una cuarta parte del total de la población de América Latina tiene un IPC por debajo de 75 dólares por año. Durante la década de los sesenta el ingreso per cápita aumentó 100 dólares, pero de esa suma solamente dos dólares per cápita llegaron al 20% más pobre de la población. La meta trazada por la Alianza para el Progreso era muy modesta: aumentar el IPC por lo menos al dos punto seis por ciento. Esta meta nunca se realizó, ni durante la década de los sesenta ni la de los setenta.

Ahórrenos ese tipo de desarrollo

Una tercera parte del pueblo latinoamericano vive al margen de la industrialización y la productividad. Más de 100 millones viven a nivel de miseria—sin alimentos, desnutridos, sin atención médica, sin la posibilidad de lograr una educación, amontonados en chozas de una pieza, desempleados y explotados sin ningún acceso a los bienes materiales y culturales de nuestra sociedad.

Hace unos 10 años, cuando Gary McEoin hacía una encuesta en América Latina para uno de sus libros, habló con Joel Gajardo, un jóven protestante latinoamericano y doctor en Ciencias Políticas y Sociales, quien trabajaba con los pobres de Chile. Hoy es el secretario del Departamento Latinoamericano del Concilio Nacional de Iglesias de los Estados Unidos. Refiriéndose a los años sesenta como la "segunda década del desarrollo" Gajardo dijo:

> Si esto es lo que una década de desarrollo puede hacer por nosotros, por favor ahórrenos otra como ésta. La década de los sesenta fue la más desastrosa en toda la historia de América Latina. En lugar de disminuir la brecha entre los países ricos y pobres, más bien la aumentó significativa-mente. La ayuda extranjera para los gobiernos ha sido usada, no para desarrollarnos a nosotros, sino para lograr los propósitos políticos de los donantes. El pago de amortiza-ciones e intereses pronto excederá a los nuevos préstamos, si es que ya no lo están haciendo. En otros 10 años la montaña de deuda externa nos va a aplastar. (Esta fue una profecía terriblemente cierta, como veremos más adelante). En

cuanto a las inversiones privadas extranjeras, el impacto es aún más negativo. La proporción de la población trabajadora empleada en manufacturas ha permanecido prácticamente estacionaria y por debajo del 15% durante 40 años. Las firmas extranjeras están más interesadas en comprar los competidores locales que en construir nuevas fábricas. Las ganancias y regalías exportadas exceden con mucho la importación de nuevo capital. Ya no tenemos una voz en nuestras decisiones más básicas.[1]

Lo que ha estado sucediendo es lo que el economista André Gunder Frank ha llamado el "desarrollo del subdesarrollo". El desarrollo no es una etapa que viene después del subdesarrollo ¡el subdesarrollo es el subproducto del desarrollo! Ambos son tan inseparables como las dos caras de una misma moneda. Este fenómeno también ha sido explicado por Raul Prebisch, famoso economista argentino que por muchos años ha sido jefe de la Comisión Económica para América Latina en las Naciones Unidas. Prebisch lo explica como el resultado natural de las relaciones establecidas entre los "centros" económicos y la "periferia", una especie de "neocolonialismo". Algunos economistas y sociólogos latinoamericanos han estado analizando toda esta situación en términos de la "Teoría de la Dependencia", que ahora empieza a ser aceptada en los Estados Unidos por la comunidad académica de especialistas en América Latina.[2]

El "modelo de la dependencia" es tan antiguo como el mismo colonialismo.

Las Venas Abiertas de América Latina

Eduardo Galeano, un autor uruguayo, ha descrito la historia económica de América Latina con el provocante título de *Las Venas Abiertas de América Latina: Cinco Siglos de Pillaje de un Continente*. Dice Galeano:

Es América Latina, la región de las venas abiertas. Desde el descubrimiento hasta nuestros días, todo se ha transmutado siempre en capital europeo o, más tarde, norteamericano, y como tal se ha acumulado en los lejanos centros de poder. Todo: la tierra, sus frutos y sus profundidades ricas en minerales, los hombres y su capacidad de trabajo y de consumo, los recursos naturales y los recursos humanos. El modo de producción y la estructura de clases de cada lugar han sido sucesivamente determinados, desde afuera, por su incorporación al engranaje universal del capitalismo. A cada cual se le ha asignado una función, siempre en beneficio del desarrollo de la metrópoli extranjera de turno, y se ha hecho infinita la cadena de las dependencias sucesivas, que tiene mucho más de dos eslabones, y que por cierto también comprende, dentro de América Latina, la opresión de los países pequeños por sus vecinos mayores y, fronteras adentro de cada país, la explotación que las grandes ciudades y los puertos ejercen sobre sus fuentes internas de víveres y mano de obra. [3]

¡En las dos últimas frases Galeano ha resumido lo que puede llamarse la historia del *colonialismo, neocolonialismo y el colonialismo interno*!

Primero, fue el *oro* de Perú y la *plata* de Potosí, Bolivia y Zacatecas, México, que fluyeron como agua hacia España. Entre 1503 y 1660 no menos de 185 mil kilogramos de oro y 16 millones de kilogramos de plata llegaron al puerto español de Sanlúcar de Barrameda. La plata embarcada a España en siglo y medio excede tres veces las reservas totales de Europa. Pero mientras que "España era dueña de la vaca, otros la ordeñaban": la mayoría de esas riquezas fueron drenadas hacia los banqueros alemanes, genoveses y flamencos, la cuna del capitalismo moderno. Mientras tanto, en América Latina quedaron los esqueletos de millones de indios sacrificados en las minas, las memorias de los esplendores pasados de la ciudad de Potosí y kilómetros de túneles y agujeros en los cerros.

En 1703 el oro empezó a fluir de las famosas minas de Ouro Preto (Oro Negro), Brasil. En el siglo XVIII la producción brasileña de oro excedió el volumen total de oro que España había tomado de sus colonias en los dos siglos previos. Inglaterra y Holanda—los contrabandistas principales de oro y esclavos—amasaron grandes fortunas con el tráfico ilegal de "carne negra". El oro brasileño fue canalizado hacia Londres por métodos lícitos e ilícitos. Según fuentes británicas el valor del oro que llegaba a Londres en una semana era de 50 mil libras esterlinas. Mientras tanto, quedaban en Brasil las grandes iglesias, las obras de arte y los millones de esclavos traídos desde Africa. Los esclavos morían de trabajos forzados a los pocos años de haber llegado, pero "los portugueses eran muy meticulosos en bautizarlos a todos antes de cruzar el Atlántico. . .".

El "clamor de mi pueblo" tiene una larga historia y es transcontinental.

Azúcar amarga

Luego vino el ciclo del *azúcar* para satisfacer las demandas de los mercados europeos y la codicia de los mercaderes de Holanda,

Francia, Inglaterra y más adelante de los Estados Unidos. Los ingenios azucareros se multiplicaron rápidamente en el nordeste de Brasil, y las "islas del azúcar" del Caribe llegaron a ser más importantes para Gran Bretaña que las 13 colonias en Norteamérica. Inclusive en nuestros días las Islas de Barbados, de Sotavento y Trinidad/Tobago, Guadalupe, Puerto Rico, Cuba, Haití y República Dominicana han sido condenadas al monocultivo. Los grandes ingenios mantenidos por la mano de obra esclava fueron el antecedente del actual *latifundio* (grandes propiedades rurales), orientadas hacia el mercado mundial y, como es de esperarse, sujeto a sus caprichos. Aunque este desarrollo impulsaba, directa o indirectamente, pero decisivamente, el crecimiento de los centros europeos, dejaba detrás una "subcultura de pobreza" y una economía de "subsistencia y letargo". Lo mismo sucedía con los otros puntos de "desarrollo" agrícola en América Latina. Dejemos que Galeano resuma la historia:

> El nordeste era la zona más rica del Brasil y hoy es la más pobre; en Barbados y Haití habitan hormigueros humanos condenados a la miseria; el *azúcar* se convirtió en la llave maestra del dominio de Cuba por los Estados Unidos, el precio del monocultivo y del empobrecimiento implacable del suelo. No solo el azúcar. Esta es también la historia del *cacao,* que alumbró la fortuna de la oligarquía de Caracas; el algodón de Maranhao, de súbito esplendor y súbita caída; de las plantaciones de *caucho* en el Amazonas, convirtiéndose en cementerios para los obreros nordestinos reclutados a cambio de moneditas; de los arrasados bosques de *quebracho* del norte de Argentina y del Paraguay; de las fincas de *henequén* en Yucatán, donde los indios yaquis fueron enviados al exterminio. Es también la historia del *café*, que avanza dejando desiertos a sus espaldas, y de las plantaciones de *frutas* en Brasil, en Colombia, en Ecuador y en los desdichados países centroamericanos (la "bananización" de los países bajo la omnipotente corporación de la United Fruit). Cada producto se ha ido convirtiendo en el destino de los países, las regiones y la gente; el mismo camino melancólico han seguido, por cierto, las zonas productoras de riquezas *minerales.* Cuanto más codiciado por el mercado mundial, mayor es la desgracia que un producto trae consigo al pueblo latinoamericano que, con su sacrificio, lo crea.[4] (Itálicos añadidos).

Una historia similar podría contarse sobre las minas de estaño en Bolivia, el petróleo en varios otros países, el hierro, el manganeso y los minerales estratégicos del Brasil. Grandes extensiones de tierra en el territorio del Amazonas en Brasil (mayores que los estados de Connecticut, Rhode Island, Delaware, Massachusetts y New Hampshire puestos juntos), han sido vendidos al ridículo precio de siete centavos el acre. La Fuerza Aérea de los Estados Unidos ha fotografiado y cartografiado el área para luego pasar toda la información a inversionistas privados. El general Riograndino Kruel, jefe de la Policía Federal, dijo a la comisión investigadora del Congreso de Brasil, que el "contrabando de materiales que contienen torio y uranio se eleva a la suma astronómica de un millón de toneladas". Los ciudadanos norteamericanos acusados de contrabandear minerales atómicos brasileños han desaparecido misteriosamente del país. Muchas veces el contrabando no es necesario: las concesiones legales se encargan del proceso de despojar a América Latina de sus recursos. Todos nosotros hemos estado protestando por el aumento del precio del café, pero veamos adónde va realmente el aumento según el mismo autor:

> El café beneficia mucho más a quienes lo consumen que a quienes lo producen. En los Estados Unidos y en Europa el café genera ingresos y empleos y moviliza capitales; en América Latina paga salarios de hambre y acentúa la deformación económica. En los Estados Unidos el café

"En las minas" por Solón.

proporciona trabajo a más de 600 mil personas: los norteamericanos que distribuyen y venden el café latino-americano ganan salarios infinitamente más altos que los brasileños, colombianos, guatemaltecos, salvadoreños o haitianos que siembran y cosechan el grano en las plantaciones. Por otra parte la CEPAL nos informa que, por increíble que parezca, el café arroja más riquezas en las arcas estatales de los países europeos, que la riqueza en las arcas estatales de los países productores. En efecto, en 1960 y 1961, las cargas fiscales totales impuestas por los países de la Comunidad Europea al café latinoamericano ascendieron a cerca de 700 millones de dólares, mientras que los ingresos de los países abastecedores alcanzaron a 600 millones de dólares.[5]

El pillaje de América Latina confirma la tesis de que el desarrollo produce el subdesarrollo: ¡el uno va con el otro! El desarrollo de los centros va acompañado por el subdesarrollo de la periferia.

Los engaños de la industrialización

Desde la década de los treinta los países latinoamericanos han tratado de iniciar el proceso de industrialización. La Segunda Guerra Mundial obligó a los centros industriales tradicionales a concentrarse

en el esfuerzo bélico, dándo a los países latinoamericanos la oportunidad de desarrollar nuevas industrias nacionales para satisfacer las necesidades inmediatas del mercado interno (por ejemplo las industrias alimenticias y textiles). La industrialización de "sustitutos de importación" contribuyó al alza de salarios y a los beneficios sociales para la clase trabajadora de las ciudades. Incluso, varios países nacionalizaron los servicios públicos como los ferrocarriles y plantas eléctricas.

Las últimas dos décadas han visto la industrialización de ciertos recursos naturales en los países latinoamericanos (la lana, la industria del cuero, el estaño, el petróleo) con fines de exportación. Países como Brasil, Argentina y México han desarrollado industrias tales como las de la "línea blanca" (refrigeradores, artículos del hogar) y la industria automotriz.

Fue entonces que los engaños de la industrialización empezaron a surgir:

1. La exportación de productos manufacturados (o la materia prima semi-procesada) dependía de la apertura de los mercados tradicionales, compradores de materia prima. Estos productos estaban expuestos a las medidas proteccionistas de los centros manufactureros.

2. Para desarrollar nuevas industrias se tenía que importar maquinaria y tecnología a un precio muy elevado.

3. Había que asegurar préstamos (muchas veces comprometedores) de inversionistas extranjeros.

4. Había que cambiar las leyes de inversión y asegurar las condiciones sociales (o reforzarlas por medio de represión) con el fin de lograr la estabilidad, y evitar huelgas para garantizar el máximo de ganancias y un retorno rápido de las inversiones.

5. Había que exportar las ganancias.

6. Había que pagar licencias, patentes y regalías.

7. Los préstamos e intereses tenían que ser pagados en moneda extranjera y con intereses ajustables periódicamente.

8. La producción se tenía que orientar no hacia las necesidades de la población sino hacia las demandas de un mercado exterior o a las "necesidades" de la minoría donde se concentra el ingreso.

9. Los dueños del capital y la tecnología no permitían el desarrollo de las industrias nacionales, a no ser en asociación o vendiendo sus acciones a las corporaciones transnacionales.

El hecho es que mientras los países latinoamericanos incrementaban su productividad, iniciaban la industrialización y expandían las exportaciones, se volvían más dependientes y mayor era su deuda externa. Estas son las paradojas, o diremos, las contradicciones del "desarrollo del subdesarrollo". Este esquema es tan real para la industrialización de hoy como lo fue ayer para la agricultura de exportación.

Este es el espejismo del crecimiento económico cuando no va acompañado del cambio dentro de las estructuras nacionales e internacionales. El crecimiento económico no tiene valor si no va acompañado del desarrollo humano.

Esto es tan difícil de creer y de entender que quizá el estudio de dos ejemplos específicos pueda ayudarnos a comprender el significado del desarrollo orientado hacia afuera y de la industrialización dependiente. Estudiemos detenidamente la islita de Puerto Rico y el gigantesco país del Brasil.

Puerto Rico: Vitrina del Caribe

La experiencia de Puerto Rico bien puede servir como ejemplo del "desarrollo del subdesarrollo", o del desarrollo dependiente, o desarrollo orientado hacia fuera.[6]

En lo que va del siglo, las inversiones de capital en Puerto Rico han pasado por tres etapas diferentes, condicionando la vida del país en base a la ganancia del inversionista y no a las necesidades o intereses del pueblo puertorriqueño.

Durante los primeros 50 años de este siglo, en la *primera* etapa del "desarrollo" de la isla, las inversiones estaban concentradas en la agricultura, caña de azúcar, tabaco y algo de manufacturas. La caña de azúcar ocupaba de un 50 a un 75% de las mejores tierras, desplazando rápidamente la producción de otros alimentos. Tanto el azúcar como el tabaco eran exportados a los Estados Unidos. Puerto Rico era un típico país productor de materias primas con salarios muy bajos y una tecnología atrasada.

La segunda etapa de "desarrollo" se llevó a cabo en la década de los cincuenta cuando los Estados Unidos contaba con gran abundancia de capital. Puerto Rico se convirtió en un "santuario de lucro", ofreciendo condiciones muy favorables para los inversionistas, como por ejemplo: exención de impuestos sobre la propiedad y el ingreso, bajos salarios, alquileres bajos para locales industriales, exoneración de impuestos sobre maquinarias y equipos importados de los Estados Unidos y una ubicación estratégica cerca de los Estados Unidos. Esta fue la época del gobernador Luís Muñoz Marín y su famosa "Operación Manos a la Obra". Puerto Rico pasó a ser centro productor de textiles, ropa, cueros y, en menor escala de productos eléctricos, los cuales eran exportados a los Estados Unidos para darles "los toques finales". Luego eran vendidos en Estados Unidos y los mercados europeos o enviados de nuevo a la isla como productos "hechos en los Estados Unidos" a precios muy elevados comparados con los salarios. Aunque los puertorriqueños ganaban menos que los trabajadores norteamericanos, tenían que pagar más por los productos "importados" del norte. Hacia el final de la década de los cincuenta los supermercados, farmacias y tiendas de los Estados Unidos comenzaron una ofensiva para controlar la venta al detalle a la isla, acelerando la destrucción de lo que quedaba de la producción agrícola y contribuyendo a la desaparición de los negocios pequeños. Los precios en la isla aumentaron considerablemente.

La *tercera* etapa de "desarrollo" comenzó en la década de los sesenta, cuando los productos de Puerto Rico ya no podían competir con los de los mercados europeos. Las industrias livianas se trasladaron a la República Dominicana y a Taiwan, los nuevos "santuarios de lucro" donde los salarios eran aún más bajos que en Puerto Rico. Entonces la isla empezó a utilizarse como centro intermediario para el refinamiento del petróleo y la producción de materiales petroquímicos (el 61% de la gasolina y el petróleo y el 95% de las materias primas petroquímicas era exportados de nuevo a los Estados Unidos). En los últimos 13 años más de 1,600 millones de dólares han sido invertidos en la industria petroquímica y del petróleo, convirtiendo a Puerto Rico en el tercer centro petroquímico del mundo. Además se han invertido 500 millones de dólares en industrias altamente mecanizadas.

Pero estas grandes inversiones reflejan una realidad sombría. Primero, este tipo de desarrollo ha reducido el número de empleos que absorbían las industrias anteriores y, por otra parte, ha incrementado considerablemente el consumo de energía. Las nuevas industrias no generan grandes números de empleos y a la vez consumen mucha energía. Puerto Rico es uno de los países que más energía consume en el mundo. Sin embargo, un analista puertorriqueño dice:

> Las nuevas industrias no han contribuído al crecimiento económico de la isla como se esperaba. Ni han tenido un

impacto significativo en resolver los problemas crónicos del desempleo, puesto que estas industrias, a la vez que ofrecen más altos salarios, requieren menos y más calificados trabajadores en proporción a los bienes que producen y a los dólares invertidos. En el momento presente, la industria del petróleo emplea el 1% del total de la fuerza laboral y genera solamente el 5% del ingreso de la isla. Por otra parte consume el 35% de la energía de la isla.[7]

Además, las industrias altamente mecanizadas de Puerto Rico han afectado las actividades pesqueras, la agricultura y la salud del pueblo puertorriqueño. El Dr. Neftalí García dice "Durante la última década, los inversionistas de capital han exportado la contaminación de sus países a los países coloniales o neocoloniales: a esto hemos llamado *colonialismo ambiental*". Sin embargo, el autor no menciona uno de los puntos más delicados en la problemática puertorriqueña de hoy: el uso de una de las islitas de Puerto Rico como área de práctica para las maniobras de bombardeos de la Marina de los Estados Unidos.

Así pues, Puerto Rico ha sido "desarrollada" por más de 80 años para *producir lo que no consume y consumir lo que no produce*. Las ganancias no son necesariamente para el pueblo puertorriqueño. A consecuencia del "desarrollo del subdesarrollo" Puerto Rico se ha tornado más vulnerable, más dependiente y más contaminada.

El padre Alvaro de Boer, O.P., misionero católico holandés, abunda un poco más sobre la "dependencia" puertorriqueña:

Actualmente el 80% de la economía de Puerto Rico está controlada por las corporaciones multinacionales de los Estados Unidos. Veinticuatro tiendas en cadena de los Estados Unidos han acaparado todas las ventas. Además, el capital extranjero, mayormente de los Estados Unidos controla el 88% de las manufacturas; el 100% de los pasajes aéreos; más del 50% de las compañías de seguros y más del 60% de las operaciones financierias. El 90% de los productos industriales para exportación son generados por industrias extranjeras, lo que significa que las ganancias, en su mayor parte, no entran a la economía de Puerto Rico.

Según la misma fuente, la cantidad y porcentaje de las ganancias generadas para los Estados Unidos en Puerto Rico, (de un 13.8 a un 46.6% en algunas industrias), es increíble, ya que:

Solamente en 1974, el capital generado por las inversiones en Puerto Rico y repatriado a los Estados Unidos sumaba 1,345 millones de dólares, casi el 10% de todas las ganancias de los Estados Unidos en el mundo. Esto significa que Puerto Rico con solamente 3.100,000 habitantes está en el quinto lugar como el más grande mercado, parroquiano, cliente, consumidor y comprador de los productos de los Estados Unidos en el mundo: habiendo gastado 6,600 millones de dólares en compras hechas en los Estados Unidos solamente en 1974.[8]

Naturalmente, todas estas ganancias van a las grandes corporaciones que operan desde los Estados Unidos, pero los fondos que abastecen los programas de bienestar social que compensan los efectos del desempleo, el alto costo de la vida y los bajos salarios de la isla, provienen del ciudadano común de los Estados Unidos que fielmente paga sus impuestos anualmente. Este "desarrollo" contribuye al enriquecimiento de los que ya son ricos, además de fomentar la expulsión del país de los habitantes a través de una migración forzada. Todos estos factores han contribuído a que hoy Puerto Rico tenga el porcentaje más alto de delincuencia en el mundo.

El "clamor de mi pueblo" resuena con desencanto desde "la isla del encanto".

El milagro brasileño

Sería lógico pensar que una islita como Puerto Rico sea más vulnerable al desarrollo dependiente y que tenga menos probabilidades de lograr un desarrollo autosuficiente. Según Robert McNamara, presidente del Banco Mundial, "sólo los países continentes" pueden ser autosuficientes. Si es que existe en el mundo semejante país el Brasil sería uno de ellos: con más de 4.800,000 kilómetros cuadrados, su enorme costa marítima y posición estratégica, sus grandes depósitos de recursos naturales, su agricultura, minería y potencial industrial y su dinámica población de 120 millones. Y, sin embargo, el "milagro" brasileño de la última década nos presenta la evidencia concluyente de cuán inconsistente resulta ser la meta del "desarrollo" para los países del Tercer Mundo en la actual constelación global. Sirve además como testimonio de cuán alto puede ser el costo social, humano y nacional de esta meta.

¿En qué consiste el *milagro brasileño?* Este milagro económico ha sido altamente publicitado como modelo ejemplar del desarrollo por medio de inversiones extranjeras pero también como modelo clásico del desarrollo capitalista dependiente.

En su famoso informe de 1969, Nelson Rockefeller planteaba que la solución del subdesarrollo latinoamericano dependía de o dos factores: 1) el aumento de inversiones extranjeras y empresas privadas; y 2) aumento de la asistencia militar para los ejércitos y fuerzas policíacas. Ambas recomendaciones han sido aplicadas al pie de la letra en Brasil en los últimos 15 años. Lo que significa que si este plan tiene éxito allí, tendremos la respuesta de cómo erradicar el subdesarrollo en América Latina.

En términos de productividad o de simple crecimiento económico, las cifras brasileñas son realmente impresionantes. Entre 1968 y 1973, Brasil tuvo un crecimiento sostenido del PNB de 10% con un aumento considerable en la produccion industrial y en la exportación de productos manufacturados así como grandes reservas financieras y buen crédito internacional. La industria aumentaba un 11% anualmente. Al mismo tiempo la inflación se mantuvo a un nivel razonable del 17.5% en 1972, 12% en 1973 comparado con el 93% en 1964, año del golpe militar. El crecimiento ha sido particularmente notable en las industrias de alta tecnología lo que parecía pronosticar el fin de la dependencia tecnológica. La expansión de la industria automotriz, con una producción anual de más de un millón de autos promovía otras industrias y actividades económicas relacionadas: repuestos, acero, vidrio, petroquímica pesada, carreteras, construcciones, centros comerciales. También aumentaron los servicios de infraestructura con plantas eléctricas, la producción de acero, de hierro, de cemento, etc. El auge económico fue acompañado por un gran flujo de estudiantes a las escuelas primarias y secundarias, así como a las universidades. Nuevas universidades—privadas en su gran mayoría—abrieron sus puertas a enormes cantidades de estudiantes, ofreciendo nuevas docencias y programas especializados. Las exportaciones brasileñas alcanzaron un nivel sin precedentes. ¡En menos de 11 años las exportaciones se sextuplicaron! Las manufacturas se duplicaron (mientras que la exportación del café bajó del 53% de la exportación del país al 23.8%).

Datos no publicados:
Hubo, sin embargo, algunos datos que nunca salieron a la luz pública acerca del "milagro" brasileño, tales como el crecimiento casi nulo de las industrias textiles y del calzado y el fracaso de los programas sociales, tales como vivienda y campañas de alfabetización. La producción y el consumo estaban en las manos de un 20% de un sector específico de la sociedad mientras que la gran mayoría de la población no contaba siquiera con alimentos ni artículos básicos de primera necesidad.

El ingreso nacional estaba concentrado en el cinco por ciento de una clase pudiente minoritaria cuyo ingreso per cápita había subido de

1,645 dólares en 1960 a 2,940 dólares en 1970, comparables con los niveles europeos. Un 15% también logró un aumento en su ingreso per cápita de 540 dólares a 720 dólares. Sin embargo, los obispos católicos del nordeste, denunciaron el empobrecimiento del pueblo en medio de este "milagro", citando las siguientes cifras:

> Lo que es muy serio es que esta concentración de ingresos fue posible gracias a que el poder adquisitivo de los salarios fue brutalmente rebajado. Entre 1961 y 1970, la *disminución* del salario real fue de cerca de 38.3%. Durante el mismo período el incremento de la productividad real promedio fue de 25.6%. Para que fuera posible el llamado "milagro brasileño", el gobierno, a través de su regulación de los salarios mínimos, ha estado transfiriendo parte del ingreso de las masas trabajadoras a las clases que están disfrutando los frutos del crecimiento económico.

Theotonio dos Santos, otro de los economistas brasileños que se han destacado en el exilio, y cuya información hemos estado usando en esta sección, afirma que la propaganda oficial del "milagro" ha tratado de ocultar la "verdadera miseria" del pueblo brasileño: el aumento de la explotación de los trabajadores brasileños, el incremento de la duración de días y horas de trabajo, la disminución de la alimentación y otros consumos esenciales, y el aumento de la tasa de mortalidad infantil.[10] "Mientras que las clases superiores viven en el Primer Mundo, las masas viven en el Tercer Mundo" afirmó una publicación en 1977.

Así pues, vemos una vez más, cómo el crecimiento económico no necesariamente garantiza el desarrollo humano, y que el PNB puede aumentar a la vez que el IPC de la gran mayoría del pueblo disminuye. También se desmiente como ilusión y abierta hipocresía la teoría de la pirámide: "Mejorar las condiciones de los de arriba para filtrar algunos beneficios a los de abajo".

El "clamor de mi pueblo" no permitirá autoengañarnos, ni ser hipócritas con una conciencia tranquila.

Llegan las transnacionales

Muchos aspectos del milagro brasileño han quedado sin publicar. Por ejemplo: el aumento de importaciones a la vez que aumentan las exportaciones; la influencia de las corporaciones transnacionales y la desnacionalización de la industria brasileña; el crecimiento astronómico de la deuda externa y el costo social del "milagro" en términos de una creciente pobreza y represión inhumana.

EL ESPEJISMO DEL CRECIMIENTO ECONOMICO

El fabuloso ascenso de las importaciones fue causado por la cuadruplicación del precio del petróleo relacionado con la importación de una tecnología costosa; los precios elevados que fijan las corporaciones transnacionales a sus productos desde el extranjero, y la subfacturación de estas corporaciones al vender sus productos a sus compañías matrices o filiales en otros lugares. Y, finalmente, pero no menos importante, la importación de artículos de lujo para satisfacer la demanda creada por los nuevos gustos de las minorías consumidoras estimuladas por el constante bombardeo de propaganda que, a su vez, controlan las corporaciones transnacionales. Dice Celso Furtado "el exceso de capital beneficia solamente a los propietarios de capital", y la minoría opulenta es la única que tiene acceso a la nueva línea de productos del mercado interno o externo. "Esto es *modernización,* y no desarrollo".[11]

Theotonio dos Santos concluye que "el modelo brasileñc está sumido en crisis", el PNB cayó el cuatro por ciento en 1975; la deuda externa está a punto de bancarrota y la inflación continúa aumentando. El "milagro" se ha vuelto patas arriba; la maravilla económica se ha convertido en "un desastre económico".

En conclusión, ha habido desarrollo, pero ¿desarrollo para quién? En último análisis los beneficiarios directos del milagro brasileño son las corporaciones transnacionales y el cinco por ciento de mayor ingreso de la población. Las corporaciones transnacionales controlan no sólo las exportaciones sino también el mercado interno. Durante esta década Brasil ha sufrido un proceso de desnacionalización industrial, comercial, financiera y agrícola. Las industrias nacionales han tenido que cerrar o unirse—como subsidiarias o socios menores—a las grandes corporaciones extranjeras. Además, las corporaciones transnacionales controlan una gran parte del capital en los siguientes sectores:

1) Tabaco: 93.7% del capital de las 10 empresas mayores en este sector.
2) Materiales de transporte: ocho corporaciones transnacionales (CTN) controlan el 89.7% del capital.
3) Productos de hule: tres CTN controlan el 81% del capital.
4) Maquinarias: siete CTN controlan el 72% del capital.
5) Equipo eléctrico y comunicaciones: seis CTN controlan el 52.4% del capital.
6) Textiles: cinco CTN controlan el 55.4% del capital.
7) Minerales no metálicos: cinco CTN controlan el 52.4% del capital.[12]

El siguiente diagrama dará una idea de las inversiones y ganancias de 10 de las corporaciones transnacionales que han operado en Brasil durante los años 1965 a 1975. (Las cifras aparecen en millones de dólares).

	Inversión	Reinversión	Ganancia	Tecnología	Ganancias
Volkswagen	119.5	72.8	70.6	208.5	279.1
Rhodia	14.3	108.7	39.9	20.7	60.6
Esso	1.8	67.7	44.5		44.5
Pirelli	28.7	37.8	45.1	19.8	64.9
Phillips	9.9	51.2	5.0	9.4	14.4
Firestone	4.1	44.5	48.1	2.1	50.2
General Electric	13.9	32.2	19.4	4.3	23.7
Souza Cruz	2.5	129.5	81.3	1.0	82.3
Johnson & Johnson	0.7	34.0	17.0	5.7	22.7
Anderson Clayton	1.4	28.2	16.8		16.8
Light (Canadá)	102.0	85.4	114.7	0.6	115.3
TOTAL	$298.8	$692.0	$502.4	$272.1	$774.5

(Fuentes CPI, Multinacionales)

Resumamos el diagrama: en 10 años las corporaciones invirtieron 298.8 millones de dólares con una ganancia neta de 502.4 millones de dólares; además, su *capital* se triplicó al reinvertir las ganancias en el país, acumulando unos 692 millones de dólares y recibiendo 272.1 millones de dólares por la tecnología importada. La ganancia total para el país de origen fue de 774.5 millones de dólares.

Estas cifras a menudo son presentadas como ejemplo del aporte de las compañías al "desarrollo" pero tenemos que preguntarnos: ¿Aporte para quién? ¿Desarrollo para quién? Michael Harrington, escribiendo sobre el "por qué las naciones pobres permanecen pobres"[13] afirma que a consecuencia de las estructuras económicas mundiales, después de la Segunda Guerra Mundial "la pobreza financia a la opulencia" a través de este fenómeno dramático del "flujo de dinero de los pobres a los ricos". Harrington cita al canciller chileno Gabriel Valdés cuando dijo durante su visita a la Casa Blanca en 1969:

Generalmente se cree que nuestro continente está recibiendo verdadera ayuda en cuestiones financieras. Las cifras demuestran lo contrario. Podemos afirmar que América

Latina está contribuyendo a financiar el desarrollo de los Estados Unidos y de otras naciones industriales.[14]

Endeudados sin haber comprado nada

El resultado increíble de esta década de desarrollo milagroso se nos impone dramáticamente cuando completamos el cuadro con el incremento de la deuda externa del Brasil. En el momento cumbre del "milagro" la deuda externa aumentó de 6,424 millones de dólares en 1972 a unos 45 mil millones de dólares en 1979, situación calificada por el economista brasileño Theotonio dos Santos como de "bancarrota". Esta cifra astronómica representa el total de las exportaciones brasileñas multiplicado por cuatro. Para empeorar las cosas, los financieros europeos y norteamericanos aumentaron la tasa de interés de préstamos anteriores de acuerdo a los riesgos de la situación y a la devaluación del dólar como sucedió en octubre de 1978 (de 7.5% al 12%). *Movimento,* un semanario de Sao Paulo dice con cierta ironía:

QUINIENTOS MIL MILLONES MAS:
MIENTRAS TRABAJABAMOS
EN LA PRESENTE EDICION
NOS ENDEUDAMOS MAS SIN HABER COMPRADO NADA.

Michael Harrington considera que la situación es un círculo vicioso:

Se pone en marcha un círculo vicioso. A causa de las pérdidas sufridas por los términos desfavorables del intercambio y el flujo de ganancias y regalías a las economías avanzadas, el Tercer Mundo se encuentra falto de efectivo. Nótese que esto no es porque hayan fallado en producir riquezas sustanciales. Las han producido. Sólo que la estructura del mercado mundial es tal que, por medios perfectamente legales, se sustraen miles de millones de las riquezas de estos países. Así que tienen que pedir prestado. En 1970 los países subdesarrollados tenían un ingreso de capital de 2,600 millones de dólares, pero pagaron 7,900 millones de dólares sobre inversiones extranjeras. En resumen, perdieron 5,300 millones.[15]

El "deterioro en los términos de intercambio" es otro obstáculo para los países del Tercer Mundo. En pocas palabras, significa que mientras los productos del Tercer Mundo permanecen a precios bajos, fluctuando de acuerdo a las conveniencias de los poderes que controlan el mercado mundial, las manufacturas y tecnologías importadas de los centros industriales suben constantemente de precio. Por ejemplo, en 1970 Ecuador tuvo que exportar 20 toneladas de plátanos para comprar un solo tractor. Pero en 1976, Ecuador tuvo que exportar 60 toneladas de plátanos para comprar el mismo tractor. . . Así que, ¿cuándo podremos nivelarnos? Entre 1951 y 1966 los países latinoamericanos perdieron 26,300 millones a consecuencia del deterioro en los términos de intercambio.

El costo social del desarrollo

Le hemos ahorrado al lector las innumerables referencias de violaciones de los derechos humanos durante el período del "milagro brasileño". Basta recordar que la ola más violenta de represión en toda la historia del Brasil coincidió con el auge económico de 1968. . . Detrás de la represión se encuentra no sólo la crueldad y una ideología determinada sino también un modelo específico de desarrollo. Para nosotros los cristianos las cifras económicas no valen nada sin antes tomar en cuenta el costo humano y social de ese desarrollo.

No es de extrañar que en los países latinoamericanos haya un pesimismo universal al punto de la desesperación en cuanto al desarrollo después de estas tres "décadas de desarrollo".

Después de haber pasado cuatro meses en Brasil, un amigo leyó el manuscrito de este libro y quedó sorprendido por el contraste entre el cuadro sombrío que acabamos de pintar y la impresión que él recibió de la gente que conoció allí. Sí, Brasil es un gran país, lleno de contrastes, con un tremendo empuje hacia el progreso, con ciudades gigantescas como Sao Paulo y metrópolis futuristas como Brasilia. Sí, el pueblo brasileño es un gran pueblo, feliz y orgulloso. Basta mirar las multitudes en los estadios atestados, aclamando a los tres veces campeones mundiales de fútbol en los estadios del país, o a la gente bailando en las calles durante el carnaval en Río de Janeiro.

Stephen Zweig, el famoso novelista austríaco, escribió un libro después de la Segunda Guerra Mundial con el título profético: *Brasil, país del futuro*. Los brasileños tienen razón de estar orgullosos: pertenecen a un gigantesco país, con ingentes recursos y un futuro prometedor. Muchos de ellos pueden gozar de la vida hoy en día.

Pero los economistas brasileños conocen esto y mucho más, y están preocupados porque reconocen que las tendencias actuales no pueden continuar sin hipotecar precisamente ese gran futuro. El gobierno brasileño actual también está preocupado y tratando seriamente de corregir la dirección del país.*

---

*El Presidente Figueiredo dijo recientemente: "Sí, la situación es muy seria. Mentiríamos si dijéramos lo contrario. Un país que va a gastar 75 mil millones de dólares comprando petróleo y 8,500 millones pagando su deuda externa (intereses y cuotas) anualmente, y que no pudo exportar 14 mil millones, no está en una situación agradable". ("La Revolución en Jaque", Roberto Pombo, Inter-Press Service, *Presencia*, p. 23, septiembre 10, 1979).

Los obispos católicos y miles de cristianos que están en contacto diario con la gran mayoría del pueblo, conocen muy bien lo que se encuentra debajo de la superficie y saben mejor que nadie lo que sucede. Saben que el milagro solo ha beneficiado a los de arriba, mientras que las nueve décimas restantes viven marginados, hambrientos, destituídos, sin recibir ni siquiera las migajas del banquete. Y, como dice el famoso documento que analiza la situación del nordeste del Brasil, ellos han oído "el clamor de mi pueblo".

Oigamos este clamor y no los elogios personales de aquellos que de una forma u otra son los beneficiarios de la presente situación.

En verdad, ¿qué es lo que vemos: espejismo o realidad? ¿A quienes escuchamos: a los beneficiados o a las víctimas?

El desarrollo del subdesarrollo despliega muchos truculentos espejismos a lo largo del camino.

IV

LOS DERECHOS HUMANOS
Una década de cautiverio

Puede ser que no nos guste lo que se dirá en este capítulo, pero no nos atrevamos a ignorarlo.

Cuando, en su mensaje inaugural, el Presidente Jimmy Carter dijo: "Nuestro compromiso con los derechos humanos debe tener un caracter absoluto", tocó un punto sumamente delicado en relación a la situación latinoamericana. "El clamor de mi pueblo" al sur del Río Bravo surge desde innumerables cárceles, cámaras de torturas, escondrijos o silenciados para siempre en los cementerios, los volcanes o en las profundidades de los ríos o del mar. Este clamor estaba resonando en las palabras del flamante Presidente de los Estados Unidos. Esta vez los dictadores y las fuerzas represivas de muchos países latinoamericanos no pudieron descartar la denuncia de la violación de derechos humanos como simples "mentiras comunistas" o como "tácticas terroristas". ¡Se les haría muy difícil acusar al Presidente de los Estados Unidos de "comunista" o "terrorista"!

Amnistía Internacional, una agencia independiente defensora de los derechos humanos con sede en Londres, y que cuenta con colaboradores y corresponsales en todo el mundo, calcula que durante la última década ha habido en América Latina cientos de miles de prisioneros políticos, refugiados y exilados, decenas de miles de ejecutados, torturados o asesinados, y 30 mil "desaparecidos".

Así como los juicios de Nuremberg llevaron a la luz pública después de la Segunda Guerra Mundial los horrendos crímenes de la Alemania nazi, puede ser que un día nos horroricemos al conocer las atrocidades que se han cometido contra decenas de miles de seres humanos y poblaciones enteras; crímenes cometidos delante de nuestras propias narices y dentro de nuestro sistema interamericano. Y no será fácil decir que "nosotros no sabíamos lo que estaba sucediendo", porque si realmente queremos enterarnos podemos saber lo que está ocurriendo.

Lo encubierto será descubierto

"Nada hay encubierto que no sea descubierto, y nada escondido que no sea hecho público", dijo Jesús (Mateo 10:26). El proceso de descubrir lo encubierto ya ha comenzado en América Latina.

Orlando Letelier, ex-canciller del gobierno de Salvador Allende y ex-embajador de Chile en los Estados Unidos, fue asesinado junto con una asociada norteamericana en la ciudad de Washington, D.C., al estallar una bomba colocada en el auto donde viajaba. La DINA (el aparato represivo de la policía central del régimen de Pinochet) fue el cerebro detrás del asesinato perpetrado por cinco cubanos refugiados conectados con la CIA. La corte Federal de los Estados Unidos descubrió todo el asunto durante el juicio que duró 21 días y cuyo testigo principal, fue Michael Vernon Townley. Durante el juicio, Townley, un ciudadano norteamericano residente en Chile, confesó haber puesto la bomba en el auto de Letelier según días y cuyo instrucciones de la DINA, con la cooperación de cinco exilados cubanos residentes en los Estados Unidos. Tres de ellos fueron condenados mientras que los otros aún permanecen fugitivos. La sentencia de Townley fue menos severa por su cooperación en el descubrimiento de este asesinato internacional. Según Townley, el General Manuel Contreras Sepúlveda, ex-jefe de la DINA, había dado la órden de asesinar a Letelier porque éste era socialista y considerado como opositor peligroso al régimen militar del General Augusto Pinochet. Townley por su parte no se lamentó: "El era un soldado, y yo era un soldado" comentó.

Los otros acusados, cuya extradición ha sido demandada por el Departamento de Justicia de los Estados Unidos y negada por las autoridades chilenas, fueron puestos en libertad en octubre de 1979. Pero gracias a la presión internacional, se consiguió descubrir este complot secreto.

Otro descubrimiento sensacional y macabro tuvo lugar en Chile con el hallazgo de 27 cadáveres dentro de una calera abandonada en Talagante, a 40 kilómetros de Santiago el 7 de diciembre de 1978. El escondite fue descubierto por medio de una confesión auricular y llevada al Obispo Monseñor Enrique Alvear, con la debida autorización del anónimo confesor. La jerarquía católica a su vez, denunció el hecho a la Corte Suprema. El propio Obispo Alvear presenció junto con las autoridades la escalofriante exhumación de los restos. Estos fueron encontrados en hornos de 11 metros de profundidad aplastados debajo de piedras, cal y cemento. Sólo 15 cadáveres pudieron ser identificados, muchos mostraban señales de torturas y perforaciones de balas en los cráneos. La identificación no fue tarea fácil porque entre las tácticas represivas usadas en contra de los desaparecidos, se incluía el cambio de identidad, desapareciendo y quemando los documentos de identidad y cortando los dedos de las manos. Pero, finalmente, la verdad prevaleció y un tribunal acusó a ocho agentes de la policía militar de cometer "innecesaria violencia" culminando con la muerte en 1973 de 15 miembros de sindicatos de campesinos.

Desde el 11 de septiembre de 1973, fecha del golpe militar en Chile, hasta 1977, por lo menos 100 mil personas han sido arrestadas y detenidas, más de cinco mil han sido ejecutadas, 2,500 han "desaparecido" y decenas de miles han huído de Chile por razones políticas.

Pero hay muchos otros cementerios pinochetistas por exhumar. Pocas semanas después del golpe del 11 de septiembre de 1973 que derrocó al gobierno legal del Presidente Salvador Allende, la Junta Militar prohibió la pesca en las zonas de los lagos del sur. Aunque no se dieron razones, los pescadores sabían el por qué: ellos mismos habían encontrado cadáveres humanos en sus redes. Dos años mas tarde, mientras Raul Choque, campeón chileno de buceo, hacía sus ejercicios de entrenamiento en la zona del norte, descubrió un gran cementerio humano en las profundidades del mar. Quedó tan impresionado con lo que vio que cometió la "imprudencia" de hablar acerca de ello. Pocos días más tarde se le encontró muerto en su casa y las autoridades impidieron la autopsia.[2]

Chile: imposible acostumbrarse a la represión

Los parientes de los "desaparecidos" iniciaron una huelga de hambre exigiendo información sobre el paradero de sus seres queridos. Distintas organizaciones en 19 países alrededor del mundo también empezaron huelgas de hambre, en solidaridad con los parientes. Se organizó una delegación internacional para ir a Chile en un intento de ayudar a los huelguistas a obtener una respuesta del gobierno militar chileno. Entre los miembros de la delegación se encontraba la Dra. Dorothee Sölle, una distinguida y mundialmente conocida teóloga alemana. En su informe, la Dra. Sölle nos da algunas indicaciones sobre la tragedia de los "desaparecidos" y el espíritu de resistencia que existe en el pueblo chileno.[3]

Uno de los prisioneros políticos obsequió una moneda de plata a la Dra. Sölle. Impreso en ella había un verso tomado de un poema de Pablo Neruda que dice: "como si fuera posible aprisionar el aire".

"Y esta amargura, ¿será odio?" por Solón.

"Para mí", dice la teóloga alemana, "esta frase me ofreció un mínimo imperativo categórico para la solidaridad: bajo ninguna circunstancia, especialmente ninguna corrupción, debe permitirnos acostumbrarnos a lo que ha sucedido y continúa sucediendo". El pueblo chileno no se ha acostumbrado a la represión como tampoco ha olvidado a sus seres queridos desaparecidos.

Una mañana, mientras Dorothee Sölle visitaba a los huelguistas que yacían uno al lado del otro en el piso de la iglesia, llegó una delegación de estudiantes de medicina para entregar una declaración con más de mil firmas apoyando a los huelguistas. Todos los firmantes sabían que estaban arriesgando ser expulsados de la universidad, sin embargo, entraron a la iglesia cantando.

Además de esta lealtad trágica, había un buen espíritu de lucha y hasta de humor entre los huelguistas. En la iglesia de Jesús Obrero se celebró el cumpleaños de un huelguista con una gran torta hecha de papel higiénico y con velas. Más de cien cartas y telegramas llegaban diariamente de todas partes del mundo en apoyo a la huelga. La lucha chilena por la verdad, por la libertad y por la dignidad no ha terminado aun en el momento en que escribimos estas líneas. La huelga de hambre no ha derrocado el régimen de Pinochet ni ha resuelto los casos de los desaparecidos, pero el espíritu chileno no ha podido ser conquistado. Como dice un teólogo chileno:

> Esta huelga es necesaria para que el país crezca, para salir de esta fase de militarismo en la que estamos. La mitad de la población está atrapada con un sentido de culpa por haber quedado en silencio, por haber tratado de olvidar, o por haberse asustado. Ahora estamos experimentando un despertar—es un sentimiento interior en el medio de este movimiento de pueblo de que ahora podemos empezar a hacer teología. Esta huelga de hambre es el *locus theologicus* (el lugar desde donde se hace la teología).[4]

Dorothee Sölle reflexiona finalmente diciendo que "los chilenos no son como la mayoría de los alemanes bajo el nazismo": no se han acostumbrado todavía a oir hablar de los desaparecidos, a descubrir cuerpos mutilados en los ríos, a aceptar la dureza del militarismo que controla sus vidas. Continúan resistiendo, luchando, buscando.

Este es "el clamor de mi pueblo": el clamor silencioso de los muertos y los "desaparecidos" y el largo y sufrido clamor de sus seres queridos.

En el comienzo fue Brasil

La infame historia de represión comenzó en Brasil en 1964 con el golpe militar que derrocó al gobierno constitucional de Joao Goulart. El régimen militar que controla el país más grande de América Latina ha permanecido en el poder durante los últimos 15 años, alcanzando en 1968 su punto máximo de violencia y terror. Gary McEoin, un constante observador norteamericano de los acontecimientos de Latinoamérica y quien ha viajado extensamente por el sur, escribió al comienzo de la década de los setenta que Brasil era probablemente el país más indicado para estudiar como ilustración los acontecimientos actuales de América Latina. Brasil probablemente representaba la dirección en la cual se movía el continente. Los sucesos en el resto de América Latina en la última década prueban que McEoin tenía razón. En 1964 McEoin resume la situación de esta manera:

> Alarmados por la creciente brecha entre el empobrecido nordeste rural y el sur industrializado, los anteriores presidentes, Quadros y Goulart, favorecieron proyectos para corregir esta situación. Propusieron modernizar la agricultura por medio de cooperativas y grandes establecimientos agrícolas. Algunos de los nuevos industriales se asustaron. Alarmados por la creciente participación del estado, el aumento de impuestos y la inflación, se unieron con los terratenientes en la oposición. Esta a su vez llevó al gobierno a dar pasos por cambios más revolucionarios, buscando el apoyo de las fuerzas populares levantadas por la perspectiva de participación en los asuntos públicos. El gobierno proclamó sus metas de distribución de tierras y de ingresos, nacionalismo económico, nacionalización de grandes sectores de la producción, movilización política de las masas urbanas y rurales, y no alineación internacional. Esto a su vez asustó a los estrategos de la política de los Estados Unidos, y, con apoyo oficial, se formó una coalición de políticos, hombres de negocios y militares, que derrocó al Presidente Goulart en 1964.[5]

Al principio, el régimen militar fue bastante tolerante. Muchos ciudadanos, incluyendo la gran mayoría de los miembros de la iglesia, que también habían vivido presionados por la inflación galopante bajo Goulart, apoyaron el golpe. Pero:

> Sobre una cuestión, el nuevo régimen estuvo firme desde un principio. Todo el proceso de soliviantar al pueblo tenía que parar. Francisco Juliao y sus ligas campesinas fueron

eliminados. Los sindicatos cristianos paralelos fueron castrados. Celso Furtado (economista) y Paulo Freire (pedagogo) fueron despojados de sus derechos como ciudadanos y exilados, los cuales fueron pronto seguidos por. . .
La mayoría de los líderes intelectuales del país. El Movimiento de Educación Básica fue seriamente minado. Muchas escuelas fueron cerradas de inmediato y sus líderes arrestados. . . Todos los movimientos estudiantiles fueron prohibidos. . .[6]

El gobierno castrense había prometido un pronto retorno al orden constitucional pero antes tenía que deshacer la política y programa del gobierno anterior. Así es que:

Fueron anuladas las leyes que disponían la distribución de ciertas tierras no cultivadas a los campesinos. En compensación por el apoyo de los Estados Unidos y sus promesas de mayores créditos, se retiraron los reglamentos que limitaban la exportación de ganancias y se rescindió la nacionalización de las refinerías de petróleo. El control de salarios redujo la tasa de inflación sin ninguna seria reducción en las ganancias de los negocios.[7]

Un nuevo orden: consenso por represión

Entonces se estableció un nuevo orden por medio de las "actas institucionales", decretos que estaban por encima de la Constitución y las leyes del país. El Acta N°1 suspendía las libertades personales y aumentaba el Poder Ejecutivo. De inmediato se produjeron arrestos en masa. Los derechos políticos de los tres presidentes anteriores y de muchos líderes políticos fueron suspendidos por 10 años. Unas cinco mil personas fueron castigadas por decretos "revolucionarios" y obligadas a dispersarse.Varios gobernadores estatales fueron destituídos y 112 congresistas fueron suspendidos. Dos mil militares fueron jubilados. Miles de comisiones militares de investigación fueron creadas con poderes judiciales incontrolables. El Acta N°2 disolvió todos los partidos políticos, creando dos partidos nuevos: el partido de gobierno y un partido de "leal oposición" bajo rígido control del gobierno y de acuerdo con sus reglas del juego. El nuevo congreso tuvo que "elegir" al Presidente de la República y a los gobernadores estatales. La nueva constitución de 1967 incorporó las "Actas Institucionales" y autorizó al Presidente para promulgar nuevas leyes sin necesidad de consultar al Congreso. Luego siguieron la ley de censura de prensa y la ley de seguridad nacional, por medio de las cuales toda oposición fue tratada como traición en las cortes militares.

Todo movimiento—partidos políticos, organizaciones estudiantiles o de trabajadores—fue forzado a operar clandestinamente. Las organizaciones de extrema derecha respondieron con asesinatos y torturas. El régimen militar, tuvo que escoger entre su política de modernización económica y la preservación de la inmovilidad política y social. Su decisión final fue la de aumentar la represión. Ese fue el comienzo de un torbellino de terror y violencia.

En diciembre de 1968 el Acta Institucional N°5 promulgó una especie de "golpe dentro del golpe" dándole al presidente poder dictatorial sin límite, permitiéndole clausurar el Congreso y todas las legislaturas, y expulsar y nombrar gobernadores y alcaldes, suspender los derechos de cualquier ciudadano por 10 años, prohibir toda actividad sindical o política y someter a los ciudadanos a la vigilancia y al encarcelamiento policial, despedir a los empleados públicos y suspender el *habeas corpus*. En 1969 el nuevo presidente fue elegido por 239 oficiales de las Fuerzas Armadas dado que el Congreso estaba en receso por órdenes del presidente anterior. El Congreso, llamado de nuevo a sesión, confirmó su nombramiento.

Entre 1964 y 1969 fueron arrestadas unas 30 mil personas bajo cargo de subversión y 12 mil de ellas fueron encarceladas pero nunca juzgadas. La edad promedio, incluyendo las mujeres, era de 22 años. La represión se hizo común y sistemática. Este fue un período de fuertes campañas por parte del gobierno en contra de la Iglesia Católica y sus voceros.[8]

Torturas

En 1970 las torturas llegaron a su punto crítico en Brasil. Las torturas, desconocidas por la gran mayoría de la población, por ser silenciadas por una prensa censurada y negadas por las autoridades y grandes sectores de la Iglesia, empezaron a ser conocidas fuera de Brasil. Extensos *dossiers* fueron preparados clandestinamente y contrabandeados fuera del país por viajeros al exterior, sacerdotes y monjas. Estos llegaron al Vaticano, al Consejo Mundial de Iglesias y al Congreso de los Estados Unidos. Quedó demostrado que no se trataba simplemente de abusos incidentales por parte de funcionarios, sino de una represión increíblemente deshumanizante y bien organizada.

Un comité compuesto por intelectuales, escritores, líderes religiosos y representantes de diversas organizaciones estadounidenses, en pro de los derechos individuales de los seres humanos, declararon en un informe fechado abril de 1970, que el uso de la tortura en Brasil "parecía sobrepasar todas las otras técnicas de investigación policial.

"Muerte en el valle" por Solón.

La tortura llegó a ser tan común que las tres ramas de las Fuerzas Armadas ofrecían cursos organizados". El informe se refiere a una cátedra de torturas llevada a cabo en octubre de 1969, en la sede de la policía estatal de Minas Gerais en Belho Horizonte, donde 12 prisioneros políticos fueron usados como conejillos de indias. El siguiente testimonio aparece en un documento colectivo de las víctimas:

El 8 de octubre, tuvo lugar una clase sobre interrogatorios. . . para un grupo cerca de cien militares, la mayoría de ellos sargentos de las tres ramas de las fuerzas armadas. Justo antes de la clase Mauricio (de Paiva) recibió choques eléctricos "para ver si el equipo estaba en buenas condiciones de funcionamiento", según palabras de un soldado llamado Mendoza. Cerca de las 4 p.m. poco antes de que empezara la clase, los siguientes 10 prisioneros fueron conducidos a la clase donde la sesión ya estaba en marcha: Mauricio de Paiva, Angelo Pezutti, Murilo Pinto, Pedro Paulo Bretas, Alfonso Celso Lara, Nilo Sergio, Julio A. Antonio, Irany Campos y un ex-miembro de la policía militar de Guanabara y otro prisionero conocido como Zezinho. Inmediatamente después fue que se les ordenó entrar al cuarto y desvestirse. Mientras el teniente Haylton mostraba diapositivas y explicaba cada tipo de tortura, sus características y efectos, los sargentos Andrade, Oliveira, Rossoni y Rangel, junto con los Cabos Mendoza y (nombre ilegible) y el soldado Marcelino, torturaban a los prisioneros en la presencia de cien militares en una demostración "viva" de los varios métodos de tortura en uso. Mauricio sufrió choques eléctricos, a Bretas se le punzaron los dedos con hierros, Murilo tuvo que pararse sobre los bordes cortantes de hojalatas, Zezinho fue colgado del "pau de arara" y el ex-policía militar fue golpeado con garrote, mientras que Nilo Sergio tuvo que mantenerse en equilibrio sobre un pie con grandes pesos colgados de sus brazos extendidos.

El informe anteriormente citado afirma que desde septiembre de 1969 "los agentes de seguridad de los Estados Unidos inundaron el Brasil". En agosto de 1970, *Il Regno,* una revista Católica italiana de Bologña, publicó un informe de un corresponsal suyo quien testificaba que él había sido uno de los prisioneros políticos torturados "por la policía brasileña y por un grupo desconocido de gente que hablaba solamente inglés". McEoin agrega que dos de los expertos en torturas no tenían nombres brasileños: el teniente Haylton y el sargento

Rangel. Dan Mitrione, el instructor de los torturadores uruguayos, quien fue luego ejecutado por los Tupamaros, había trabajado anteriormente como experto en seguridad interna en Belho Horizonte y Río de Janeiro. La misión militar de los Estados Unidos en el Brasil—la más grande en América Latina—había entrenado entre 1964 y 1968 a 2,255 brasileños en técnicas de interrogación y lucha anti-guerrillera.

Ya ha empezado el proceso de descubrir lo encubierto en Brasil. Después de 15 años de estricta censura de prensa existe hoy una "apertura democrática" y las historias de los días turbios de represión han empezado a aparecer en los principales periódicos. Prominentes figuras nacionales han visto sus derechos políticos restaurados y muchos exilados han podido regresar al país. A pesar de una ley electoral muy particular, la oposición casi gana la mayoría en el Congreso en las últimas elecciones. El nuevo Presidente, Joao Batista Figueiredo, ha prometido que la "democratización" se logrará durante su período. A los pocos meses de ser juramentado, el presidente aprobó una ley de amnistía limitada (sin incluir a aquellos acusados de actos terroristas o de acciones políticas sangrientas). El gobierno continúa siendo una "democracia restringida", y los nuevos cambios dependerán, según el Presidente Figueiredo, de la "buena conducta" de su pueblo, pero es innegable que el proceso de democratización ha empezado.

Si Brasil representa la dirección en la cual se mueve el continente, hay esperanza de que "el clamor de mi pueblo" será finalmente oído.

El modelo se extiende a los Andes

A Bolivia, país situado en los altos Andes y al sudoeste de Brasil, le llegó su turno en agosto de 1971. En 1952 Bolivia había tenido la segunda revolución más importante de este siglo en América Latina, (la primera fue en México en 1910 y la tercera en Cuba en 1959). Ese fue un gran paso hacia adelante en la vida del país, porque con la nacionalización de las grandes minas, la reforma agraria y el sufragio universal, el país logró salir del feudalismo. En ese mismo año el ejército fue disuelto, pero con la ayuda de los Estados Unidos volvió al poder en 1964.

En 1970-71, en medio de serios problemas económicos, un sector nacionalista progresista del ejército intentó dar un nuevo rumbo a la nación con algunas medidas moderadas como la nacionalización de las instalaciones de la Gulf Oil Company y de la gran Mina Matilde, bajo concesión de la corporación Phillips. Un movimiento popular que incluía mineros, trabajadores urbanos, estudiantes y algunos grupos cristianos, empezó a formarse y a participar en el régimen del General J. J. Torres, presionándole para que tomara medidas más radicales. Otro movimiento militar, conducido por el General Hugo Banzer, con el apoyo abierto de las empresas privadas y la participación incidental de sectores de los partidos tradicionales, derrocó al gobierno de Torres, formando un nuevo gobeirno. Los Estados Unidos apoyaron el nuevo golpe, aunque la ayuda material y financiera fue canalizada a través del Brasil, que proveyó el armamento para la aventura. Los préstamos internacionales, anteriormente negados al gobierno de Torres, fluyeron hacia Bolivia inmediatamente después del golpe.

La represión a los trabajadores, estudiantes y campesinos fue rápida y radical, sobre todo en el área de Santa Cruz, gran centro económico del país. Las torturas, la prisión y el exilio político no eran nada nuevo en la historia política de Bolivia pero esta vez fueron aplicados abiertamente. Comparado con Brasil y Chile, la represión boliviana parece moderada. Sin embargo toda la oposición fue reprimida y todo tipo de disensión quedó prohibido. Más de 20 mil bolivianos tuvieron que huir a otros países.

El control político del Ministerio del Interior fue rápido y eficiente. Todos los políticos, líderes laborales, líderes estudiantiles, sacerdotes y monjas que habían estado participando en programas sociales fueron expulsados del país. Y aun el ex-Ministro del Interior, Andrés Selich, quien fuera uno de los arquitectos del golpe de 1971, fue asesinado a golpes por los esbirros del gobierno. Pocos meses mas tarde, fueron muertos por el ejército cien campesinos, mientras manifestaban en contra del aumento del costo de vida en el Valle de Cochabamba. Los campesinos creían que los militares venían con sus tanques a dialogar con ellos en nombre del gobierno. Este episodio es conocido como la "Masacre del Valle" o la "Masacre de Tolata".[10]

Bolivia fue una de las primeras naciones de América Latina en iniciar un proceso de "democratización" y de transición a un orden civil en 1978. Lo encubierto había comenzado a hacerse público y el nuevo Congreso había iniciado el juicio de responsabilidades al ex-Presidente Hugo Banzer y su régimen. El reciente golpe militar del 17 de julio de 1980 puso fin al proceso de transferencia de poder al gobierno civil elegido en las elecciones de 1980, iniciando un nuevo ciclo militar.

El modelo se traslada al Sur

Al Uruguay se le conocía como la "Suiza de América" por su espíritu democrático, sus libertades, su legislación social y su alto nivel

73

de educación. Pero hoy día bien se le podría llamar "la cárcel de América". ¿Por qué? ¿Qué ha sucedido?

Durante la última década Uruguay ha atravesado por serios problemas económicos. Las exportaciones—basadas tradicionalmente en el mercado de la carne y la lana—ya no eran suficientes para permitir que el Estado Benefactor resolviera todos los problemas en un país donde la mayoría de la población estaba formada por empleados públicos beneficiarios del seguro social. Al no haber ninguna otra alternativa económica las oligarquías tomaron el poder y desde entonces Uruguay sobrevive mediante la represión.

Según José Comblin, la caída del sistema económico trajo consigo la caída del sistema democrático. Y lo que precipitó el desmoronamiento de la democracia fue la forma en que la oposición organizó su descontento: la guerrilla urbana "Tupamaros". Estos comenzaron, al estilo de Robin Hood, ayudando a los pobres y desenmascarando las operaciones de algunas corporaciones nacionales. Por sus acciones espectaculares parecían seres indestructibles. Una de esta acciones fue el secuestro de Dan Mitrione, agente norteamericano de la CIA y consejero de la policía secreta uruguaya. Mitrione fue acusado de enseñar todos los métodos perfeccionados por la CIA en Vietnam y de haber participado personalmente en "interrogatorios" de prisioneros políticos que habían sido torturados. Fue "juzgado" por el movimiento y finalmente ejecutado.[11]

La política represiva del gobierno comenzó con el Presidente Jorge Pacheco Areco durante los años de 1968 a 1972. Pacheco organizó el ejército para la lucha anti-guerrillera con la ayuda de instructores norteamericanos y brasileños. Bajo el siguiente presidente, José María Bordaberry, el ejército tuvo éxito en la destrucción del movimiento "Tupamaro". Desde entonces el ejército llegó a ser el poder decisivo en el gobierno y el presidente la figura decorativa. Hacia 1973 el Congreso fue clausurado y la Constitución anulada. Uruguay se convirtió en un estado de "seguridad nacional".

El Uruguay ostenta la "distinción de tener la más alta concentración per cápita de prisioneros políticos". Según Aministía Internacional, una de cada 450 personas en Uruguay es prisionero de conciencia; aproximadamente uno de cada 50 ciudadanos ha sufrido interrogatorios, arresto temporario o prisión en el pasado. Otra estadística reveladora es que desde 1973 a 1978 unos 700 mil uruguayos, el 25% de una población total de dos millones, se han ido del país. La mayoría de estos emigrantes son gente joven, trabajadores, técnicos y profesionales, lo que se llama "las fuerzas vitales del Uruguay". En ese mismo período 50 mil uruguayos han sido encarcelados y la mitad de ellos salvajemente torturados. A principios de 1979 había seis mil prisioneros políticos en el Uruguay. Mas de 39 mil ciudadanos han sido despojados de sus derechos políticos. Bibliotecas enteras han sido quemadas.

El "nuevo orden" ha sido una copia fiel del modelo brasileño: control militar, clausura del Congreso, prohibición de partidos políticos, abolición de los sindicatos, censura de prensa, decretos ejecutivos por encima de la Constitución, control militar de las universidades, consenso por represión, justicia militar, torturas. El mismo credo anticomunista, la misma ideología "de seguridad nacional", la misma sicosis de "guerra total" a los "subversivos", la misma destrucción cuidadosa y sistemática de todas las estructuras democráticas y de los derechos humanos de los disidentes. En 1980 se ha plebiscitado una nueva Constitución que permitirá el retorno a una "democracia restringida" en la próxima década. El 60% del pueblo uruguayo votó en contra.

Un oficial cristiano y las torturas

La siguiente carta, dirigida al Papa, es una respuesta a las cartas de Amnistía Internacional enviadas a numerosos oficiales uruguayos de nivel medio:

> Yo sé que estoy corriendo un gran riesgo y que para algunos de mis compañeros oficiales esto sería traición, pero nadie puede pedirme que olvide mi fe cristiana y mi respeto por el ser humano.

> Junto a esta carta van dos pruebas fotográficas de lo que digo, ambas fueron tomadas en una de las muchas casas privadas que se están ocupando para la tortura, una se llama *la bandera*, la otra se llama *el caballete*.*

> Las Fuerzas Armadas uruguayas sistemáticamente torturan y maltratan a los detenidos políticos y sindicales. Tengo cientos de pruebas de mi propia penosa experiencia personal.

> La fotografía de "la bandera" fue tomada después que el prisionero había estado colgado por tres horas bajo un sol de más de 28°C. de temperatura y fue dejado allí indudablemente por muchas horas más.

> Hay muchas variantes de torturas y con nombres repugnantes: *el submarino* casi asfixia por inmersión en recipientes

---

*Estas fotografías han sido exhibidas durante las audiencias en el Congreso de los Estados Unidos (Subcomité de la Cámara sobre Organizaciones Internacionales, junio 17, julio 27-28, agosto 4, 1976).

de agua o con bolsas de nylon, o una combinación de ambas formas. Conozco varios casos de muerte, incluyendo gente joven. El encapuchamiento de todos los prisioneros por un término indefinido; los períodos interminables en que los detenidos, hombres y mujeres, tienen que permanecer desnudos, sufriendo severos castigos y obligados a cumplir sus funciones fisiológicas permaneciendo de pie.

El caballete consiste en una barra de metal, con un borde filoso, en el cual los prisioneros son sentados, desnudos y con las manos atadas, con sus pies colgando en el aire.

Hay muchas variantes del uso de electricidad. *La picana* aplicada hasta los límites de la resistencia (he visto prisioneros con serias inflamaciones e infección de la próstata y los testículos).

El teléfono es la aplicación de un cable a cada oreja. He visto a los oficiales y suboficiales más fuertes ser seleccionados para castigar a los prisioneros, con garrotes, caños y golpes de karate. Y puedo establecer que nadie está libre de este tratamiento; algunos casos son más brutales que otros, pero prácticamente todos los prisioneros, sin importar su edad o su sexo, son golpeados y torturados. Decenas de prisioneros han sido llevados al Hospital Militar con fracturas y lesiones. Tal es el nivel de sadismo que se ha alcanzado, que los médicos militares tienen que supervisar las torturas.

Las mujeres son una categoría separada. Los oficiales, suboficiales y personal de tropa, saludan con deleite la llegada de las jóvenes detenidas. Algunos inclusive vienen a tomar parte en los interrogatorios en sus días libres. Yo he visto personalmente las peores aberraciones ser cometidas con mujeres, frente a otros prisioneros, por los torturadores. Muchas de las mujeres prisioneras solamente son retenidas para descubrir donde está su esposo, padre o hijo, es decir que ellas mismas no han sido acusadas de nada.

Yo podría continuar, pero supongo que para provocar el mismo disgusto que yo siento, esto es suficiente. . .

Estoy enviando esta carta a todos aquellos que pueden hacer algo para librarnos de esta pesadilla, en la cual todos somos prisioneros. Estoy dirigiendo esta carta en particular a Su Santidad, puesto que la única cosa que me ha mantenido a través de esta pesadilla es mi profunda fe de que más pronto o más tarde la justicia de Dios llegará a mi país.[12]

"El clamor de mi pueblo" resuena esta vez a través de la conciencia sensible de uno de los siervos en la corte de Faraón en un pequeño país que ha tenido—y merece—un mejor destino en la familia de las naciones americanas.

La situación en Uruguay llegó a ser tan repulsiva que el gobierno del Presidente Carter escogió el Uruguay, junto con Etiopía y Argentina, para su primera acción simbólica en favor de los derechos humanos, disminuyendo la asistencia militar a estos países. Irónicamente, sin embargo, la policía uruguaya ha sido permanentemente subsidiada y entrenada por el gobierno de los Estados Unidos, y recientemente ha recibido un préstamo adicional de 30 millones de dólares.[13]

Al oír el clamor de los torturados deberíamos recordar lo que Jeri Laber dijo el 5 de septiembre de 1976 en el *Washington Post:* "Conocer que existe la tortura en alguna parte del mundo y no actuar es también deshumanizante".

El terror llega a la Argentina

El terror ha llegado a la Argentina, uno de los países más civilizados, educados y políticamente sofisticados de nuestro hemisferio. Como en otros países, el problema comienza en sus raíces económicas, se extiende a través del espectro político, explota en el descontento social de las masas y alcanza su punto crítico en la lucha de guerrillas, del terrorismo y la represión.

La Junta Militar formada por los tres jefes de las Fuerzas Armadas y presidida por el General Jorge Videla, tomó el poder en 1976. Su primer éxito fue reprimir las guerrillas que operaban al norte del país y controlar los actos subversivos en las ciudades. Pero el precio de estos logros ha sido demasiado alto. La política del gobierno fue combatir el terror con el terror. El aparato paramilitar y parapolicial continuó bajo el nuevo régimen. Al igual que en el Brasil, no fue fácil desmantelar los grupos antiguerrilleros y antisubversivos. La violencia engendró la violencia y el terror engendró el terror.

La cantidad de violaciones de derechos humanos en Argentina durante los dos años y medio que la Junta Militar ha estado en el poder es espeluznante: 15 mil desaparecidos; 10 mil prisioneros políticos; decenas de miles de expatriados; cuatro mil asesinados. En menos de un año siete mil peticiones de *habeas corpus* fueron negadas. Los pocos abogados que se han atrevido a defender los casos de las víctimas de la represión han sido secuestrados y "desaparecidos". Diez sacerdotes fueron asesinados y más de 30 periodistas fueron secuestrados o muertos.

Y aquí, otra vez, el gobierno de Carter, con el apoyo del Congreso de los Estados Unidos, rehusó la ayuda militar para la Argentina por sus constantes violaciones de derechos humanos. El Presidente Carter envió su propio representante de Derechos Humanos y lo mismo hizo Amnistía Internacional. Posteriormente la OEA mandó una comisión y miles de familiares de prisioneros y desaparecidos hicieron fila para quejarse ante el organismo y averiguar al mismo tiempo sobre sus seres queridos. Pero el Presidente Videla continuó diciendo que en la Argentina no existen prisioneros políticos y que aquellos que han muerto o desaparecido eran miembros de la guerrilla o grupos subversivos que murieron en enfrentamientos con las fuerzas del orden. Lo que realmente ha sucedido es que entre las 14 diferentes reparticiones policiales y militares de seguridad no ha habido registros oficiales de los detenidos. En muchos casos simplemente se ha aplicado la *ley de fuga,* matándoles por la espalda mientras supuestamente escapaban. O, al morir los prisioneros a consecuencia de las torturas o por ejecución, han publicado en la prensa que hubo un encuentro entre la policía y grupos guerrilleros armados, y que tal y cual de los subversivos murieron en el enfrentamiento. Tal fue el caso de Elizabeth Käsemann, la hija del famoso erudito alemán, especializado en el Nuevo Testamento, Ernst Käsemann.

Asesinato en la Argentina

La historia de Elizabeth Käsemann ha sido cuidadosamente narrada por Elaine Magalis en *The Christian Century.*[14] "Elizabeth era una joven atractiva, inteligente, sensible y con fuerte espíritu de aventura, y la Argentina se presentaba como un puerto de desembarque en su peregrinaje juvenil", dice Magalis. Elizabeth, como muchos otros estudiantes europeos, estaba muy interesada en América Latina y se matriculó oficialmente en la Facultad de Economía de la Universidad de Buenos Aires. Según el testimonio de Diana Houston, compañera de estudios de teología de Elizabeth, ambas mantenían contactos con otros estudiantes y participaban en manifestaciones como los estudiantes en todas partes del mundo. Leían y conversaban de política y de teología de liberación. Pero a medida que el régimen político argentino se hacía más represivo, el interés político de las dos amigas empezó a disminuir. "Todavía manteníamos relaciones con algunas personas", dice Diana Houston, "y pienso que ideológicamente teníamos cierta inclinación, pero en ese entonces no participábamos activamente en ningún movimiento político".

El 1° de junio de 1976 apareció el acostumbrado comunicado de las Fuerzas Armadas: "Dieciseis guerrilleros izquierdistas. . . muertos en un encuentro en Monte Grande". Solamente aparecía el nombre de uno de los muertos: "Isabel Käsemann, extranjera". El gobierno argentino informaba que la muerte de Elizabeth tuvo lugar el 24 de mayo en un encuentro armado con los Montoneros—guerrilleros urbanos—en el pueblo de Monte Grande. Su padre, el Dr. Käsemann, no fue oficialmente notificado hasta el 6 de junio, y curiosamente, el certificado de defunción no fue llenado hasta el 8 de junio. La autopsia realizada en el cuerpo exhumado de Elizabeth en Tübingen, Alemania, tres semanas después de su muerte, mostraba que había sido ametrallada por la espalda. Un orificio de bala apareció en el cuello y otro en el corazón. "Esta es la forma que hacen las ejecuciones", dice el Dr. Käsemann. Un artículo en el *Evangelische Kommentar* establece que según "fuentes fidedignas. . ella fue tomada en una trampa y después fue torturada por varios días, y probablemente mantenida como prisionera política en el comando del Primer Ejército en los cuarteles de Palermo".

¿Por qué mataron a Elizabeth? Tal vez nunca lo sepamos. El gobierno argentino, respondiendo finalmente al Dr. Käsemann, agregó a la versión oficial de la muerte nuevas informaciones sobre las actividades de Elizabeth en organizaciones clandestinas, incluyendo la Cuarta Internacional Trostkista. Los militares alegaban que Elizabeth había sido cabecilla de una de tales organizaciones y que había estado envuelta en asesinatos c incursiones guerrilleras. William Wipfler, de la oficina de Derechos Humanos del Concilio Nacional de Iglesias de los Estados Unidos, comenta que "en cierto momento los gobiernos represivos como el de Argentina, probablemente creen sus propias historias. . creen sus propias paranoias". Pero será difícil hacer que el mundo acepte esta historia. Puede ser que un día lo encubierto sea descubierto. El artículo citado sugiere otras dos posibilidades sobre el asesinato de Elizabeth: sus captores temían el escándalo que ocasionaría su encarcelamiento al ser ella liberada, más que la publicidad que pudiera seguir a su muerte. O, posiblemente hubo un esfuerzo de ocultar los daños físicos y mentales cometidos contra ella.

Estas incertidumbres forman parte del horror causado por la represión inhumana y es parte del "clamor de mi pueblo".

El Dr. Ernst Kasemann concluye en un artículo suyo:

Yo no busco venganza por mi hija. No quiero considerarla ni defenderla como mártir. Sin embargo, quisiera que su muerte sirviera para abrir los ojos de la gente, para que vean la realidad de Argentina, tan bella y sin embargo albergando un infierno. Yo no quisiera dejar la última palabra a los verdugos y a los militares.[15]

De tierra de refugio a campo de caza

Uno de los derechos más sagrados y más respetados en la tradición latinoamericana ha sido el "derecho de asilo", por el cual todo país latinoamericano tiene que dar refugio y proteger la vida de los refugiados políticos de cualquier otro país latinoamericano. Este derecho ha sido respetado a través de nuestra historia, aún en los momentos más difíciles y sin importar el régimen. En cambio, en esta década de cautiverio, en lugar de proteger a los refugiados de la persecución política, se han coordinado los servicios de inteligencia y las agencias represivas de distintos países para intercambiar prisioneros, arrestar por poder y matar a pedido. Lo que antes era tierra de refugio ahora es un campo de caza, donde los exilados, refugiados y prisioneros políticos son cazados como conejos por la policía secreta.

La situación en Argentina, después de la muerte del Presidente Perón, fue particularmente dramática, porque los 15 mil refugiados de países vecinos cayeron repentinamente en la trampa del terrorismo de la derecha bajo Isabel Perón y más tarde bajo la Junta Militar. El General Carlos Prats, ex-ministro de Defensa del gobierno de Allende en Chile, fue asesinado en las calles de Buenos Aires. Juan José Torres, ex-Presidente de Bolivia, un nacionalista progresista y muy tolerante como gobernante, fue asesinado y arrojado a las calles de Buenos Aires. Zelmar Michelini y Héctor Gutiérrez Ruíz, miembros moderados del senado uruguayo, fueron secuestrados y asesinados con total impunidad, y con la abierta complicidad de la policía argentina.[16] El periodista y escritor Rodolfo Walsh, ahora uno más en la lista de "desaparecidos", ha denunciado que la Policía Federal es dirigida por oficiales que han sido becados y entrenados por la CIA a través de la AID (Agencia Internacional de Desarrollo), y quienes actúan bajo la autoridad del jefe de estación de la CIA en la Argentina.[17]

Niños desaparecidos en el Año Internacional del Niño. . .

Ni siquiera los niños han sido respetados en este tráfico internacional de prisioneros. Son utilizados para aplicar presión a sus padres y sometidos a prisión y tortura. Y cuando los padres son asesinados, los niños también desaparecen. . . El secuestro de niños uruguayos es algo que debería sacudir la conciencia del mundo. (Existen listas completas con nombres y detalles particulares).

Irónicamente, durante 1979, declarado como Año Internacional del Niño, el Cardenal Arzobispo de Brasil, Dom Evaristo Arns, y el Reverendo James Wright, ministro brasileño de la Iglesia Presbiteriana, denunciaron al mundo por medio de las agencias internacionales de prensa, la existencia de 99 niños "desaparecidos" de tres países vecinos: Argentina, Uruguay y Brasil. Entre ellos se encuentran 21 bebés y 24 adolescentes secuestrados junto con sus padres, y 54 bebés nacidos en prisión, de madres que estaban embarazadas cuando fueron secuestradas. Hasta ahora el paradero de estos niños se desconoce. "El clamor de mi pueblo" es también el clamor de los niños inocentes e indefensos que se une al clamor airado de nuestro Señor cuando dijo:

¡Ay de aquellos que hacen tropezar a uno de estos pequeños que creen en mí! ¡Mejor les sería que se les colgase una piedra de molino al cuello y se les hundiese en lo profundo de la mar! ¡Ay, del mundo por sus escándalos! (Mateo 18:6-7).

El modelo va hacia el Norte

Desafortunadamente los demás países latinoamericanos tampoco pueden hablar con orgullo sobre los derechos humanos en cada uno de ellos. *Paraguay* ha vivido una dictadura legal por más de un cuarto de siglo. Las tácticas represivas del General Alfredo Stroessner son bien conocidas y han sido empleadas incluso contra la Iglesia. En los últimos años de su revolución nacionalista militar, el *Perú* ha sido muy severo con los sindicatos de trabajadores y organizaciones estudiantiles y campesinas. Los gobiernos civiles de *Colombia* cuentan con unos 500 campesinos asesinados en sólo tres años (1975-77) y 243 secuestrados por cuerpos policíacos inconstitucionales clandestinos, y detenidos en cárceles y campos militares.[18] Amnistía Internacional ha informado que desde 1966 unas 20 mil personas han sido asesinadas, la mayoría campesinos, por grupos paramilitares. Incluso *México,* el país más estable del hemisferio sur, no se ha visto libre de represión a los movimientos obreros, y en 1968 tuvo lugar en Tlatelolco una horrible matanza de estudiantes cien veces más graves que el episodio de la Universidad de Kent en el estado de Ohio. En *El Salvador,* campesinos y sacerdotes han sido asesinados por organizaciones parapolicíacas, siguiendo "paso a paso" el modelo empleado por el cono sur. La situación en El Salvador, dramáticamente ilustrado por el asesinato del Arzobispo Oscar Arnulfo Romero, se ha deteriorado hasta el punto de producir más de nueve mil muertos a causa de la represión en 1980.

El régimen de Somoza en *Nicaragua* es el ejemplo clásico de una dictadura repugnante, apoyada por la ayuda militar del gobierno de los Estados Unidos y sostenida en el poder por medio de una salvaje represión a manos de la Guardia Nacional. La dictadura llegó a su fin al triunfar la revolución de 1979. Pero atrás quedaron 30 mil muertos, 40 mil huérfanos, 600 mil hogares destruidos y todo un país en ruinas.

El desencubrimiento ha empezado en América Central

Aunque algunos sucesos no han salido a la luz pública y a pesar de que muchos no lo recuerden, hay algunos que saben y que recuerdan, por ejemplo, lo sucedido en *Guatemala.* Alguien alquiló una casa y quiso sembrar un rosal en el jardín. Al escarbar la persona no encontró caracoles ni diamantes sino huesos humanos, y con ellos anillos pertenecientes a las parejas asesinadas y los zapatos de gente enterrada viva.

El huerto había sido el cementerio privado del inquilino anterior, un "matarife oficial de cinco estrellas". También se sabe que todo el estado mayor de un partido político en Guatemala fue secuestrado mientras sesionaban, incluyendo a las dos mujeres que preparaban el café y los niños sentados en sus faldas. Nunca se supo ni una palabra más de ellos. Según Amnistía Internacional 20 mil personas han sido asesinadas en Guatemala desde 1966, los últimos dos mil entre 1978 y 1979. El gran escritor colombiano Gabriel García Márquez, al referirse a esta pesadilla de horrores, nos advierte, "Mantengámonos en vela contra el olvido".[19]

La Ideología de la Seguridad Nacional

Lo que sobresale en todos estos casos es el modelo común, la red común de represión, la estrategia común, y detrás de todo, una ideología común: la ideología de "la seguridad nacional".

La ideología de la "seguridad nacional" no es una cuestión de simple brutalidad o comportamiento patológico. Es una cuestión de guerra. Como lo explicó el Teniente Coronel Hugo Hildebrando Pascarelli de Argentina, "la lucha en la que nos hallamos no conoce límites naturales o morales, está más allá del bien y del mal".[20]

Los conceptos esenciales de la seguridad nacional son: el individuo no existe, los pueblos son mitos. Lo que realmente existe es la nación. Pero la nación es identificada con el Estado, y el Estado equivale al gobierno.

El Estado es un órgano que tiene que defenderse a sí mismo, fortalecerse a sí mismo y ser combativo. Las naciones expansionistas, en búsqueda de espacio vital, tienen que estar en un *estado permanente de guerra:* guerra contra el adversario individual, guerra contra los poderes o ideologías extranjeras y en guerra contra el comunismo. La guerra es *total:* moviliza a todos los ciudadanos, civiles y militares, y todos los pueblos y países quedan incluídos; todos los actos humanos son actos de guerra porque el enemigo está infiltrado en todas partes.

El General Videla, presidente de la Argentina dijo: "si se nos obliga, en la Argentina morirán todas las personas que sean necesarias con tal de alcanzar la seguridad nacional".[21]

La seguridad nacional no cuestiona si los medios empleados son violentos o no. La seguridad nacional es absoluta.

La seguridad nacional no hace diferencia entre su política interna o externa porque el enemigo puede estar dentro o fuera del país. No hay diferencia entre el ejército o la policía, porque ambos luchan contra el enemigo común. La policía no está para la protección de los ciudadanos, sino para la protección del "sistema".[22]

¿De dónde sacamos esta doctrina? En realidad no es nada nuevo: es la ideología nazi del Estado, y nació en Alemania junto con la ciencia de la "geopolítica". Posteriormente, los franceses adoptaron esta doctrina en su guerra colonial contra Argelia. Y, después de la Segunda Guerra Mundial, fue usada por los Estados Unidos para justificar su participación en guerras fuera del territorio norteamericano, como un medio de proteger "la seguridad nacional" inclusive en países lejanos. Fue la ideología detrás de la experiencia de Vietnam; de la justificación de los procedimientos de Watergate y de la "Presidencia Imperial" con toda su secuela de espionaje a ciudadanos, grabaciones de conversaciones telefónicas y chantaje. Es la ideología detrás de las operaciones nacionales e internacionales de la CIA.[23]

Por supuesto, esta doctrina es enseñada en las instituciones de altos estudios militares, incluyendo el Colegio Nacional de Guerra, el Colegio Industrial de las Fuerzas Armadas y el Colegio Interamericano de Defensa, los tres ubicados en Washington. También se enseña en el estratégico Colegio de las Américas del Ejército de los Estados Unidos y otros colegios militares situados en la Zona del Canal de Panamá, así como en la Escuela Superior de Guerra en Brasil, el Colegio Nacional de Guerra en Argentina, la Academia Superior de Seguridad Nacional de Chile, y las Escuelas de Altos Estudios Militares en Ecuador, Perú y Bolivia.[24]

Los militares latinoamericanos han demostrado ser estudiantes avanzados, llevando esta ideología hasta sus últimas consecuencias. Mientras que en los Estados Unidos el Consejo de Seguridad Nacional está en manos civiles, en América Latina está totalmente en manos de los militares. Mientras que en los Estados Unidos la seguridad nacional responde al complejo industrial/militar y es aplicado a través de su política exterior alrededor del mundo, en América Latina ha sido encarnada en el más inhumano aparato represivo y aplicado contra los disidentes y los movimientos sociales en cada país.

A pesar de estas diferencias, la ideología es la misma y es bueno que nuestros amigos norteamericanos vean los efectos finales de nuestra horrible experiencia al sur del Río Bravo.

Como cristianos, no podemos ser indiferentes ante la existencia de un instrumento tan poderoso que pone al ser humano al servicio de las máquinas de guerra y los transforma en mero objeto de ideologías totalitarias con aspiraciones de liderazgo mundial, de dominación mundial o de la mal llamada seguridad nacional.

Nuestra perspectiva cristiana como en los mejores ideales del "Sueño Americano," pone énfasis en que primero, y ante todo, están los seres humanos. Los derechos humanos peligran en todo el mundo, especialmente en nuestras tres Américas.

La Ideología del Trilateralismo

Existen sin embargo, indicaciones de que esta doctrina está siendo modificada. La Comisión Trilateral, compuesta por empresarios, tecnólogos, académicos y representantes de los gobiernos de Europa Occidental, Japón y Estados Unidos, están más preocupados por lo que ellos llaman "un nuevo orden internacional", que garantice la materia prima para el mundo industrializado y la supremacía de estos poderes dentro de la economía mundial. David Rockefeller fue uno de los fundadores del movimiento, Zbigniew Brzezinski uno de sus ideólogos y Jimmy Carter fue miembro antes de ser candidato a la Presidencia de los Estados Unidos. Los principales asesores del Presidente Carter eran miembros de la Comisión Trilateral. El modelo militar existente da indicios de ser inadecuado para el nivel de expansión del mercado mundial e incluso resulta ser un obstáculo para encarar la crisis de inflación y recesión en el mundo capitalista. El modelo de "democracia restringida" es la teoría avanzada por Brzezinski.

Nosotros, en América Latina, estamos comenzando un proceso de "democratización" como se puede ver por la transición de gobiernos militares a civiles en Ecuador, Perú y Brasil. Incluso Chile, Argentina y Uruguay están tratando de obtener certificados de buena conducta en relación a los derechos humanos, preparándose para la transición de un gobierno militar a uno civil dentro de algunos años—con la garantía de que los cambios no serán radicales. La campaña por los derechos humanos responde a la nueva política de la Comisión Trilateral.*

---

*Para aquellos que estén interesados en leer más sobre la Comisión Trilateral y sus actividades, sugerimos las lecturas que se encuentran al final de este capítulo.

A. *Publicaciones por la Comisión Trilateral*
—*Task Force Reports:* 1-19 New York University Press, 1977.

De todas maneras nos alegramos de que el sistema económico global esté descubriendo las limitaciones, incluso dentro de los negocios, de los regímenes militares y represivos. La violación de los derechos humanos no le conviene al sistema capitalista.

No podemos, como cristianos, tratar la problemática de los derechos humanos a la ligera. Los derechos humanos nacieron con la Creación, cuando Dios hizo al hombre y a la mujer a Su imagen y semejanza. Y los derechos humanos se inscribieron en el corazón del Evangelio cuando Dios mismo "se hizo carne"—como uno de nosotros. Las personas no se hicieron para el sistema, sino el sistema para las personas.

La violación de los derechos humanos en América Latina durante esta década es más dolorosa e intolerable porque está sucediendo en un continente que se considera cristiano. Sí, existen violaciones de derechos humanos en todo el mundo, en 110 países, en la Unión Soviética y en los países árabes y musulmanes. Pero en América Latina los gobiernos materialistas no son los que torturan a los cristianos, ni tampoco son los musulmanes los que reprimen a los cristianos, sino son los cristianos los que reprimen y torturan a otros cristianos. ¡Y lo hacen en nombre del anti-comunismo y por la "civilización cristiana y occidental"!

—*Trialogue* (Lo puede pedir de: The Trilateral Commission, 345 East 46th St., New York, NY 10017.)

B. *Libros*

Brzezinski, Zbigniew; *Between Two Ages,* Penguin Books, 1970. Huntingdon, Samuel P.; *The Crisis of Democracy,*

C. *Artículos*

—Bird, Kai; "Trilaterialism Goes to Work," *The Nation,* abril 9, 1977.

—Bliss, Shepherd; "Jimmy Carter: Trilateralism in Action," *The Guardian,* febrero 16, 1977.

—Gelb, Leslie H.; "Brzezinski Viewed as Key Advisor to Carter," The *New York Times,* octubre 6, 1976.

—Gradier, William; "Trilateralists to Abound in Carter's White House," *Washington Post,* enero 16, 1977.

—Lewis, Paul; "A White House Supply Depot: The Trilateral Commission," *The New York Times,* febrero 13, 1977.

—Novak, Heremiah; "Trilateralism: A New World System," *America,* febrero 5, 1977.

—Novak, Jeremiah; "Outline of World Economic Action for Carter: How Trilateral World Aids Third World," *The Christian Science Monitor,*

—"Trilateralists at Top; New Foreign Policy Elite," *U.S. News and World Report,* febrero 21, 1977.

—Véase también, *Monthly Review,* junio, julio, agosto, 1977.

—Whitman, Marina V. N.; "Carter's Trilateral 'Conspiracy' ," *The Christian Science Monitor,* febrero 7, 1977.

EL CLAMOR DE MI PUEBLO

Cuando Diana Houston, la amiga de Elizabeth Käsemann, fue detenida, torturada y ultrajada durante los interrogatorios, descubrió que uno de sus jóvenes interrogadores llevaba puesta una cruz swástica y el otro una cruz cristiana. "Somos buenos católicos" le dijo este último. El antisemitismo recurrente y la distorsión del cristianismo tradicional bailan la misma danza de terror, negando la vida humana y la dignidad.

"El clamor de mi pueblo" es el clamor por la recuperación del Evangelio total y humanizante de Jesucristo.

V

LA LIBERACION FEMENINA: AL ESTILO LATINOAMERICANO

Cuando hablamos de derechos humanos no podemos dejar atrás los derechos de la mujer, porque como ha dicho con razón el movimiento de liberación femenina en Norteamérica, la opresión de la mujer es la forma más antigua de opresión en el mundo. Federico Engels escribió, "La primera opresión de clases fue la del sexo femenino por el masculino". Y su discípulo Babel, agregó: "La mujer era esclava antes de que existiera la esclavitud".[1]

¿Cuál es la situación de la mujer en América Latina y qué se está haciendo en el hemisferio sur por la causa de la liberación femenina?

El problema es tan real en América Latina como en otras partes del mundo. Las mujeres sufren opresión y discriminación, de una forma u otra, en todos nuestros países. En realidad no podemos hacer generalizaciones sobre la lucha de la mujer porque la situación y la interpretación de esta lucha varía de país y de una clase o sector de la sociedad a otro, inclusive dentro del mismo país. Las mujeres del Sur y del Norte tienen algunas cosas en común, pero hay también grandes diferencias en términos de prioridades o del concepto mismo de liberación.

Nuestras diferencias resaltaron dramáticamente en la Tribuna del Año Internacional de la Mujer, organizado por las Naciones Unidas en la Ciudad de México en 1975. Permítasenos contarles la historia de Domitila Barrios de Chungara, una mujer de las minas de estaño de Bolivia. Ella participó en las deliberaciones de la Ciudad de México como delegada a la Tribuna Mundial de Mujeres representantes de organizaciones no-gubernamentales. Al mismo tiempo se reunía la Conferencia de la Mujer de las Naciones Unidas a la que asistían solamente representantes gubernamentales.

Una esposa de minero en la Tribuna Mundial

En preparación para el Año Internacional de la Mujer, pasaba por Bolivia una mujer brasileña productora de películas, cuando, por medio de otras mujeres conoció, y luego entrevistó y filmó, a Domitila Chungara en el desolado campamento de la mina Siglo XX. La productora de películas quedó muy impresionada con la Asociación de Amas de Casa en las minas y decidió que Domitila debía ser oída en el encuentro mundial y le prometió una invitación de parte de las Naciones Unidas.

La invitación llegó y tanto las esposas de los mineros como el sindicato minero apoyaron a Domitila para que representase su causa en la Tribuna Mundial. Otras mujeres bolivianas fueron invitadas a participar en la Conferencia Mundial de la Mujer, pero Domitila fue la única mujer invitada a la Tribuna. En ese entonces Domitila era la Secretaria General de la Asociación de Amas de Casa en las minas.

A Domitila le fue difícil salir del país, porque éste atravesaba por uno de sus períodos más represivos. Hacía poco los agentes del Gobierno habían prohibido todos los sindicatos, habían allanado la sede de los mineros y destruído sus estaciones de radio. El Ministerio del Interior obstaculizó y retrasó el otorgamiento de la visa. Sólo después que los mineros amenazaron con irse a la huelga y de quejarse formalmente ante las Naciones Unidas, fue que el gobierno la dejó salir, advirtiéndole que si hacía comentarios desfavorables sobre la situación boliviana no podría volver al país. Domitila llegó a la Tribuna cuando ésta ya estaba en sesión. Dejemos que ella misma recuerde, en su propio estilo, sus impresiones del acontecimiento:

> Yo tenía la idea de que en la Tribuna habría gente, gente como yo, con problemas similares—campesinas y trabajadoras de todo el mundo, pueblo oprimido y perseguido. . . Era mi primera experiencia y yo me imaginé que iba a escuchar ciertas cosas que me iban a hacer progresar en la vida, en la lucha, en mi trabajo, así.

> Dice, en aquel momento una "gringa", con su pelo rubio y con cosas aquí alrededor del cuello, con sus manos en los bolsillos, se acercó al micrófono y dijo a la asamblea:

> —Yo simplemente he pedido el micrófono para contarles mis experiencias. A nosotras, los hombres nos deberían dar mil y una medallas porque, nosotras las prostitutas, tenemos el valor de dormir con tantos hombres.

> —¡Bravo! . . . gritaron varias de ellas, y aplaudieron.

> Bien, con mi compañera nos fuimos de ese lugar porque había cientos de prostitutas que se habían reunido para tratar con sus problemas. Y nos fuimos a otro edificio. Allí se estaban reuniendo las lesbianas. Y, otra vez, su discusión fue

de que ellas se sentían felices y orgullosas de amar a otra mujer. . . que ellas debían luchar por sus derechos. . . Así.

Esos no eran mis intereses. Y para mí era incomprensible que tanto dinero se gastase para discutir esas cosas en la Tribuna. Porque yo había dejado a mi compañero con siete niños, teniendo que trabajar todos los días en la mina. Había dejado mi país para hacer conocer mi patria, como sufre, que en Bolivia la Carta Magna de las Naciones Unidas no es obedecida. Yo quería hacer conocer todo esto y escuchar lo que decían de otros países explotados y como otros grupos habían sido liberados. Y entrar en esta clase de problemas. . . me sentía perdida.

En otros salones, algunas mujeres se ponían de pie y decían: el hombre es el verdugo. . . el hombre es el que inventa las guerras, el hombre es el que crea las armas nucleares. . . el hombre es el que castiga a las mujeres. . . así. ¿Cuál es la primera lucha que debemos hacer para conseguir iguales derechos para las mujeres? Primero tenemos que hacer la guerra al hombre. Si el hombre tiene diez amantes, entonces que la mujer tenga diez amantes también. Si el hombre gasta todo su dinero en farras, entonces que la mujer haga lo mismo. . .

Esa era la mentalidad y la preocupación de varios grupos y para mí era una gran sorpresa. Estábamos hablando diferentes idiomas, ¿verdad? . . . y había también mucho control del micrófono.

Entonces un grupo de latinoamericanas nos reunimos y dimos vuelta todo aquello. Hicimos conocer nuestros problemas comunes, y lo que significaba nuestra promoción humana, y cómo vivía la mayoría de las mujeres. También dijimos que, para nosotras, el trabajo primero y principal no es luchar contra nuestros compañeros sino luchar con ellos para cambiar el sistema por otro, en el cual los hombres y las mujeres puedan tener el derecho a la vida, al trabajo y a su propia organización.

Pero, a medida que nuestros informes y propuestas iban presentándose, la cosa empezó a cambiar. Por ejemplo, aquellas mujeres que estaban defendiendo la prostitución, control de nacimientos y todas esas cosas, querían imponer sus problemas como temas de discusión principal en la Tribuna. Para nosotras eran problemas reales, pero no los funadamentales.

Hablemos de nosotras . . . la mujeres

En esa situación, la comunicación era difícil y la confrontación inevitable. Domitila Chungara dice que se sentía como una Cenicienta al presentarse como una "esposa de minero de Bolivia" ante tantas mujeres profesionales como abogadas, periodistas y representantes de importantes organizaciones. Ella cuenta también de una discusión con Betty Friedan, "la gran líder feminista de los Estados Unidos", cuyas "declaraciones feministas" no aceptaban las latinoamericanas porque dejaban fuera sus propios problemas. Betty Friedan enfrentó a las mujeres latinoamericanas diciéndoles que "eran manipuladas por los hombres", que ellas debían abandonar su "actividad beligerante", y que estaban pensando solamente en "política" e ignorando totalmente los asuntos femeninos "como está haciendo la delegación de Bolivia". Domitila trató de defenderse exigiendo infructuosamente que le dieran el derecho a la palabra. Entonces la líder de una delegación mexicana se acercó a Domitila diciéndole:

Hablemos de nosotras, señora. . . Nosotras somos mujeres. Mire señora, olvídese del sufrimiento de su pueblo. Por un momento olvídese de las masacres. Hemos hablado suficiente de eso. Hemos oído bastante. Hablemos acerca de nosotras, de usted y de mí. . . de las mujeres.

Domitila, con rústica elocuencia, le contestó:

Muy bien, hablemos acerca de nosotras. Pero si usted me permite yo voy a empezar. Señora, yo le he conodico a usted por una semana. Cada mañana usted llega con un vestido diferente; pero yo no. Cada día usted viene con un maquillaje y un peinado diferente y como una persona que tiene tiempo para pasar en un elegante salón de belleza y que puede gastar dinero en eso; pero yo no. Yo veo que cada nochecita el chofer la está esperando en su auto para llevarla a casa; pero a mi no. Y para presentarse usted como lo hace estoy segura que vive en un hogar elegante, en un área residencial elegante, ¡eh! Sin embargo, nosotras las mujeres de los mineros tenemos solamente un lugar prestado para vivir, y cuando muere nuestro esposo o se enferma, o es retirado de la compañía, tenemos 90 días para abandonarlo, y nosotras nos quedamos en la calle.

Ahora, mi querida señora, dígame: ¿tiene usted una situación similar a la mía? ¿Tengo yo una situación similar a la suya? ¿De qué igualdad, entonces vamos a hablar? No podemos, en este momento ser iguales, aunque seamos mujeres, ¿no le parece?

Otra mexicana intervino en la conversación, diciéndole a Domitila:

Escuche ¿qué es lo que usted quiere? Ella es la líder de una delegación mexicana y tiene preferencia. Además, hemos sido aquí demasiado benevolentes con usted, la hemos oído por radio, televisión, la prensa y la Tribuna. Estoy cansada de aplaudirla.

Domitila recuerda su reacción inmediata:

Me puse furiosa oírle decir semejante cosa, porque me hizo pensar que el problema que yo estaba presentando servía solamente para presentarme como un personaje de teatro para ser aplaudida. . . Me sentí como si me estuvieran tratando de payaso.

Escuche, señora, le dije. ¿Y quién le ha pedido a usted su aplauso? Si con aplausos pudiéramos resolver los problemas, mis manos serían suficientes para aplaudir, y yo no hubiera tenido que venir de Bolivia a México, dejando atrás a mis niños, para hablar de nuestros problemas. Guárdese el aplauso para usted, porque yo he recibido más hermosos aplausos de las manos callosas de los mineros.[2]

El intercambio de palabras fue violento. Las intenciones de las mujeres pueden haber sido buenas, pero en realidad estaban hablando diferentes idiomas y las situaciones existenciales tampoco eran las mismas. Esas mujeres no vivían en el mundo de Domitila, no podían ver al pueblo de Domitila sufriendo, no conocían la situación del esposo de Domitila y la de los otros mineros quienes en cada escupida de sangre echaban los pulmones a causa de la enfermedad de la mina. Ellas no habían visto a los niños desnutridos de Domitila; no sabían que Domitila se levantaba día tras día a las cuatro de la mañana a cocinar salteñas para venderlas y así ayudar a suplementar el salario miserable de su esposo, y que se iba a acostar cerca de la medianoche. ¿Cómo podían entender a la líder de las mujeres mineras, una mujer que había estado organizando un sindicato paralelo de mujeres para apoyar al sindicato de mineros, en su lucha por conseguir un aumento de salario de unos centavos, o luchando porque se le rebajen otros cuantos centavos al precio de los alimentos básicos. Una mujer que junto a las otras esposas mineras había marchado, protestando, llorando, enfrentando escuadrones militares, rogando por sus esposos encarcelados; una mujer que había estado en la cárcel por denunciar la masacre de los mineros y sus familias a manos del ejército; una mujer que había sido golpeada por carceleros brutales; una mujer que a causa de los golpes y las torturas dió a luz un niño muerto en la prisión; una mujer que había sido separada de su esposo y de sus hijo, y "exiliada" dentro de sus propio país por su compromiso con la justicia y con su pueblo. Sí, ella era mujer, pero eso era todo lo que tenían en común. Finalmente las organizadoras le cedieron la palabra a Domitila:

> Ustedes. ¿Qué pueden saber de todo esto? Y, naturalmente, su solución es luchar contra el hombre. Y eso es todo. Pero para nosotros esa no es la principal solución.

Domitila Barrios de Chungara es una luchadora nata. Ella es una de cinco hermanas que perdieron a su madre cuando aún eran niñas. Su padre nunca tuvo un hijo varón, pero ella encarnó el sentido de justicia y compromiso con el pueblo que su padre le legara. Ella es feminista, pero a su manera; no lucha por su liberación individual, sino por la liberación de su pueblo. Sabe que el enemigo no es su esposo, ni el sexo opuesto, sino un sistema económico y social deshumanizante. A pesar de todos los prejuicios tradicionales en cuanto a la participación de la mujer, ella reconoce que su deber no es sólo con su hogar sino también en la militancia pública. Pero sabe que los hombres y las mujeres de su clase tienen que trabajar juntos por una liberación común, por un mundo mejor. Ella dice:

> Porque nuestra posición no es como las de las feministas. Nosotras consideramos que nuestra liberación consiste, primero que nada, en conseguir la liberación de nuestro país del yugo imperialista. . . . Y alcanzar las condiciones de una total liberación, también en nuestra condición femenina. Lo importante para nosotras, es la participación de nuestros compañeros junto con nosotras. Solamente de esta manera conseguiremos días mejores, un pueblo mejor y felicidad para todos.[3]

Domitila Chungara hace resonar aquí el clamor de muchas mujeres latinoamericanas, lo que equivale a la mitad del "clamor de mi pueblo".

Mujeres huelguistas en Chile

Dorothee Sölle, teóloga alemana de la liberación, que tiene una posición muy clara sobre la liberación femenina desde una perspectiva europea, tuvo la oportunidad de reevaluar sus presuposiciones cuando acompañó al grupo de mujeres que estaban en huelga de hambre en Chile exigiendo información sobres sus esposos, padres, hijos y hermanos "desaparecidos".

A pesar de ser mujer y liberacionista, Dorothee Sölle reconoce las limitaciones de su solidaridad con las mujeres que luchan por la liberación en América Latina.

> . . . Acepté la invitación con algunas dudas y reservas. ¿De qué se trataba la huelga? Las mujeres cuya causa yo iba a apoyar dormían en colchones sobre el piso de piedra en las iglesias—yo me quedaba en el hotel. Prendidos en sus vestidos estaban las fotos de sus esposos, hijos y amigos que habían desaparecido—yo iba a volver a mi familia. Su lucha incluía sùfrimiento físico—yo lucho solamente con mi máquina de escribir y mi voz. Todas ellas estaban listas a "dar su vida por la verdad", como decía su slogan, y todavía ella arriesgan la posibilidad de que puedan desaparecer—yo podía, cuando mucho, ser expulsada de Chile o tener problemas menores. En resumen, ellas pasaban hambre—yo comía.

Y sin embargo, Dorothee Sölle pudo trascender esas limitaciones y ofrecer lo que ella podía en solidaridad: su máquina de escribir y su voz. Esto es algo que muchos de nosotros tenemos. Es algo que podemos poner al servicio de los silenciados y de los sin voz, quienes luchan por la liberación.

Una de las mujeres que yacía sobre el piso durante la larga huelga de hambre, repentinamente mostró la foto de su hijo que estaba prendida en su vestido, y se la dio a la Dra. Sölle. El joven tenía solo 26 años cuando desapareció en 1974. Era un maestro altamente respetado en el Instituto Poid, y un vocero de los estudiantes. Su madre tiene buenas razones para suponer que está muerto. Un cuñado del desaparecido que tiene conecciones íntimas con la Junta Militar le dijo: "su hijo está muerto y hoy hay más de mil como él. Deje de buscarlo. Es inútil". Esta madre no lloraba. Comentaba con orgullo: "El permaneció incólumne. No habló, no traicionó ningún nombre. Ninguno de sus amigos han sido arrestados".

La teóloga de Alemania describe a las mujeres huelguistas y su condición: "beben tres litros de agua hervida por día (calentada para evitar catarros), toman sal y vitaminas bajo supervisón médica". Cuando ella preguntaba a estas mujeres quiénes eran, siempre respondían: "Yo soy la madre de. . .", "la empleada de. . .", "la hija de. . ." La Dra. Sölle reflexiona:

En el movimiento femenino hemos tratado por mucho tiempo de superar esta clase de autodefinición de las mujeres en relación a los hombres, pero aquí tiene sentido en una forma muy diferente.

Tiene sentido. Los esposos, hijos, padres y amigos, no son elementos sin importancia dentro de la autodefinición de la mujer, aún cuando esa constalación de seres queridos no sea el único criterio de su identidad propia. Ellos representan amor, y el amor *es* liberación. Porque, desde el punto de vista cristiano, la liberación no es solamente *de* sino *para*. Una liberación que no nos ayuda a darnos a nosotros mismos a los demás no es liberación cristiana. Esto es precisamente parte del mensaje que Dorothee Sölle recibió en Chile, mientras escuchaba una canción en una peña:

Amar de cara al sol
sin esconderse
Amar—desde la vida y hasta la muerte
Amar—es dar la vida a cada rato
Amar—es no hacer trampas, es dar la cara
Amar—es darse por un pueblo (en este momento hubo un gran aplauso de la audiencia)
Yo no puedo vivir sin amar amando. . . .

"Fue esta clase de amor, el amor dispuesto a arriesgarse, lo que yo vi en tantas huelguistas de hambre en varias iglesias", comenta la Dra. Sölle. La teóloga alemana pudo visitar la penitenciería de Santiago, donde 31 prisioneros políticos, a pesar de su pobre condición de salud, se habían unido a la huelga de hambre para apoyar a los parientes de los desaparecidos. Ella quedó profundamente impresionada con lo que vió y el espíritu de la gente:

En ese cuarto oscuro y lúgubre, pobremente calentado con cuatro pequeñas estufas de kerosene, el ánimo de los prisioneros y sus visitantes era increíble. Nunca ví tanta ternura abiertamente expresada en un grupo: un afecto silencioso y alentador era compartido entre amigos, hombres y mujeres, esposo y esposa, madres e hijos.[4]

¿Podría ser que esta "ternura abiertamente expresada" en medio del sufrimiento y la represión sea también un elemento esencial de la liberación humana? Liberación para ambos: hombre y mujer.

Cuatro mujeres confrontan una nación

Con este título escribió Wilson T. Boots la historia de cuatro esposas de mineros que desencadenaron el cambio más dramático de la última

"¿Dónde está mi hijo?" por Solón.

década en Bolivia.⁵ El lo llama un "milagro", y lo fue. El milagro poderoso de los impotentes.

Inmediatamente después de la Navidad de 1977, cuatro mujeres con sus 14 niños vinieron de las minas a La Paz, capital de Bolivia, para iniciar una huelga de hambre. Exigían el retorno y recontratación de sus esposos que habían sido echados de las minas y expulsados del país, dejando a sus familias en total desamparo. También apoyaban las demandas de las iglesias y otros grupos por una amnistía general para los 20 mil exiliados bolivianos a quienes les estaba prohibido regresar a su propio país. Esto fue una acción muy atrevida, porque bajo el régimen militar no se permitían las huelgas, los partidos políticos habían sido abolidos y los sindicatos estaban prohibidos. Así es que fueron a la sede del Arzobispo para protegerse de la policía mientras mantenían su huelga de hambre. Alguna gente quedó muy turbada porque estos niños podrían morir después de unos días de ayuno. "¿Y cuál es la diferencia?", dijeron las esposas de los mineros. "Ellos van a morir de todos modos en las minas". Inclusive las madres ya habían perdido a cuatro de sus hijos. Un grupo de cristianos rogaron por los niños ofreciéndose a sí mismos como sustitutos. Las madres permitieron que sus niños recibieran alimento, pero decidieron dejarlos con ellas durante la huelga.

La prensa no daba mucha publicidad al acontecimiento. El gobierno ridiculizaba la huelga a través de editoriales y las declaraciones de prensa. Cada día un pequeño grupo se unía a la huelga, refugiándose en una iglesia Católica o Metodista, o en las universidades en nueve ciudades de Bolivia, llegando el número hasta 1300 huelguistas en un momento determinado. Sin embargo pasaron dos semanas, sin algún resultado visible, mientras las primeras víctimas eran llevadas a los hospitales en estado crítico.

Por invitación de la Asamblea de Derechos Humanos, llegó a Bolivia un comité ecuménico de tres personas representando al Concilio Nacional de Igesias de los Estados Unidos, el Concilio Mundial de Iglesias y la Conferencia Católica de los Estados Unidos. Llegaron justo a tiempo para ver cómo el gobierno reprimía y tomaba represalias por la huelga. Las mismas autoridades fomentaron un paro general como contraataque. Después de medianoche, la sede de *Presencia,* el principal periódico de la ciudad y las iglesias fueron allanadas por agentes del gobierno y la policía y los huelguistas fueron violentamente llevados a hospitales y prisiones.

Parecía que todo había terminado. Entonces el Arzobispo de La Paz tomó una medida extrema, desusada y dramática: a menos que se encontrara una solución y se corrigieran los errores cometidos, las iglesias permanecerían cerradas esa semana y no se proporcionaría servicios sacerdotales, a no ser para los moribundos. Entonces las negociaciones fueron reasumidas incluyendo la participación del equipo ecuménico visitante. Finalmente, después de 21 días de huelga de hambre el gobierno cedió y se proclamó una amnistía general.

Lo increíble había sucedido. Las esposas de los mineros regresaron a las minas y sus esposos volverían al trabajo y serían reinstalados. En unos pocos días, políticos y sindicalistas que habían estado en exilio por seis años caminaban por las calles de las ciudades de Bolivia y participaban en el proceso de "democratización" del país abierto por el gobierno.

Cuando se les preguntó "¿Por qué empezaron ustedes esta huelga de hambre en la época de Navidad?" Nelly de Paniagua, una de las esposas de los mineros dijo: Por que ésta es la época en que celebramos el nacimiento de nuestro Salvador que vino a traer justicia y paz a la tierra. Esta mujer nunca fue a la escuela—tuvo que aprender a leer por sí misma—pero sabía lo que el Evangelio significaba.

Estas valientes mujeres bolivianas de hoy son buenas herederas de las mujeres que lucharon junto a sus hombres por la patria durante la guerra de Independencia. Y son cristianas, cristianas practicantes, que están listas a pagar el precio de un evangelio encarnado de paz y de justicia. Ellas fueron capaces de dar el ejemplo, de arriesgarse con sus hijos—cuando nadie se atrevía a desafiar los poderes dominantes—y motivar a los cristianos y a las iglesias, y finalmente prevalecer sobre el aparentemente invencible poder de una dictadura que rigió el país con mano de hierro durante ocho años. Desde 1978 hasta 1980 gozamos de la "apertura democrática" que estas mujeres hicieron posible.

Estas mujeres, como su hermana Domitila Chungara, nos están diciendo que la liberación de las mujeres no se puede separar de la liberación del pueblo. Cuando se les ofreció la libertad, el retorno de sus esposos y la recontratación en las minas, rehusaron terminar la huelga de hambre a menos que se declarara una amnistía total para todos los prisioneros y exiliados políticos. Estaban mostrando que la liberación individual que no contribuye a la liberación de los demás, no es verdadera liberación y no es cristiana. Estaban demostrándonos, a riesgo de sus propias vidas, que somos verdaderamente libres cuando nos damos a nosotros mismos por la liberación de los demás.

El "clamor de mi pueblo," que viene a través de estas mujeres bolivianas, es grito de batalla y grito de esperanza.

El machismo existe

¿Y qué acerca del *machismo* en América Latina?

También es verdad que la discriminación y la opresión de las

97

mujeres existe en América Latina. Superarlo es parte de nuestra lucha por la liberación.

La palabra española *machismo* se usa también en inglés para describir la creencia en la superioridad o dominación del varón y las actitudes relacionadas. *Machismo* viene de *macho*. Tiene, consiguientemente, algunas connotaciones sexuales, tales como masculinidad, dominación, potencia sexual, fanfarronería. Está en la raíz de la violencia sexual y de los "crímenes pasionales" y es también la fuente de amor romántico, la poesía, la erótica, y la práctica más inocente del "piropo", que consiste en "decir cosas lindas a las chicas y a las damas que pasan por las calles". (¡Una forma más sutil y más poética quel silbido del varón norteamericano!).

Pero, como dice la Dra. Antonia Ramírez de la República Dominicana: "El *machismo* no es solamente un fenómeno biológico, es también socio-cultural". Incluye la idea de que el hombre debe ser obedecido y servido, mientras que la mujer está destinada a un papel subalterno. El tiene derecho a mandar; ella tiene la obligación de obedecer y cuando mucho el derecho de pedir. El tiene la última palabra en el hogar y el monopolio de ciertas actividades físicas y económicas. Las mujeres son para la casa, para los niños y ciertas profesiones "femeninas" (maestras, secretarias, etc.). Incluye también la idea de que hay una doble norma de conducta, una para los varones y otra para las mujeres. A la pregunta ¿es la infidelidad más condenable en la mujer que en el hombre? en una encuesta realizada a nivel nacional en la República Dominicade, el 71.3% de los varones contestaron que "sí".[6]

El machismo es fuerte entre los pueblos latinoamericanos. Lo heredamos de los españoles y portugueses. Pero las civilizaciones indias precolombinas también mantenían a las mujeres bajo dominación: esas eran también sociedades patriarcales. Se dice que los pueblos latinos tienen una herencia mediterránea muy antigua, en relación con las mujeres, que es común a musulmanes, judíos y cristianos: la tradición de considerar sagrada la virtud femenina, el encierro de las mujeres, y la muerte de la mujer adúltera. Este código para la mujer tiene raíces más antiguas en el ideal endogámico de las tribus mediterráneas, donde las mujeres eran tratadas como propiedad privada, como menores, y privadas de razón.[7]

Un brote universalmente conocido de este tradicional árbol milenario es el famoso *Don Juan*, el varón irresistible que va de conquista en conquista. Esta figura literaria—con muchas imitaciones en la vida real—está en franco retiro, después del diagnóstico sicológico que dice que se trata de un hombre inseguro, asustado, que trata patéticamente de demostrar a sí mismo su masculinidad, incapaz de disfrutar del amor y las mujeres. Y, sin embargo, en la América Latina de hoy la idea de que el hombre debe demostrar su masculinidad y su virilidad por el número de conquistas sexuales, exhibiéndose como una especie de "campeón de dormitorio" está todavía profundamente arraigada. Las películas latinoamericanas han popularizado otros tipos, descendientes directos de Don Juan. El *macho* argentino, el bohemio de los *tangos* que adora a su madre, que idealiza a la chica buena y que culpa a la mala mujer de su suerte. La mayoría de los temas de los *tangos,* son sobre la mujer traidora e ingrata que olvida a su buen hombre para casarse con el tipo rico o que huye con el aventurero. O, el caballero mexicano, el *charro,* el ranchero valiente buenmozo, bueno con sus amigos y generoso con sus trabajadores e irresistible para las chicas campesinas que lo veneran. O, su primo de la ciudad, o un pobre autor que lucha para alcanzar la fama mientras su chica prefiere al millonario.

Este *machismo* sexual y sentimental es ambivalente en sus manifestaciones: por una parte: en la idealización y el culto de la mujer en la poesía, el romance, la galantería; la veneración de la madre y el culto a la Virgen; y por otra parte, la subyugación de la mujer en el hogar o la discriminación contra las mujeres en la vida pública y en la sociedad.

El antropólogo boliviano, Mario Montaño, sugiere que los valores masculinos y femeninos y las actitudes correspondientes dependen del tipo de cultura y sociedad. Observa que, mientras en las tierras altas del altiplano y los valles, el hombre es discreto y suave en sus modales, las mujeres son arrogantes y altivas; en tanto que en los llanos y las tierras bajas es lo opuesto: los hombres son fanfarrones y dominantes y las mujeres son suaves y pasivas. Para complicar el cuadro, *la chola,* la india o mestiza de las ciudades es fuerte, autosuficiente, hábil y activa en los negocios, mientras que los hombres son periféricos en su vida. La *chola* muestra rasgos claros del estilo matriarcal de vida.

De acuerdo a Montaño, en el primer caso tenemos los rasgos de una sociedad agrícola (incluyendo el culto de la fertilidad de la tierra), y en el segundo caso tenemos los rasgos de una cultura ganadera.

En lo que puede llamarse "las culturas del caballo" es donde la actitud machista se desarrolla predominantemente, donde las mujeres llegan a ser un instrumento de placer . . . y objeto de mal trato. Sería suficiente analizar la vida de los árabes en el desierto, el *cowboy* americano, el *charro* mexicano, el *llanero* de Colombia y Venezuela, el *gaucho* argentino y el *guaso* chileno, que son formas diferentes de nuestro camba de los llanos bolivianos.[8]

Machismo institucionalizado

Pero el machismo mucho más que un recuerdo folklórico de nuestros antepasados, está "vivito y coleando"—e institucionalizado—en las estructuras y prácticas de nuestras sociedades urbanas: diferencias en educación, en compensación de salario por el mismo trabajo, en la participación a nivel ejecutivo de la industria y el comercio, o en las decisiones políticas de nuestros países.

Tomemos algunas estadísticas de los países latinoamericanos. En Brasil solamente el 20% de los trabajadores remunerados son mujeres y sus salarios están por debajo de los de los hombres por el mismo tipo de trabajo. En Argentina, el 23% de los trabajadores son mujeres. En Venezuela cerca del 20% de la población económicamente activa son mujeres, con una tendencia a desaparecer después de los 35 años de edad, cuando las mujeres dejan de ser mano obra no calificada y pueden aspirar a cargos más altos. En El Salvador, el 26% de los trabajadores agrícolas son mujeres; en la industria trabajan hasta 14 horas, para ganar una cuarta parte de lo que el hombre recibe por el mismo trabajo. En varios países, sin embargo, la ley establece salarios iguales para igual trabajo.

En cuanto a educación, las mujeres son el grueso de las masas analfabetas de América Latina; 40% en total, con porcentajes que llegan hasta el 68% de mujeres analfabetas en Guatemala, 70% en Bolivia, 85% en Haití. El algunas áreas rurales como en Bolivia, educar a las niñas se considera un desperdicio, aunque esto está cambiando con el aumento de escuelas y nuevas oportunidades. Una comparación de las estadísticas bolivianas nos muestra que la deserción escolar es mayor entre las niñas. El hecho sorprendente, sin embargo, es que en colegios secundarios las niñas están en mayor porcentaje que los varones. Lo mismo ocurre en Uruguay, mientras que en la República Dominicana solamente el 1.1% en colegios secundarios son mujeres. Cuando llegamos a nivel de universidad la inscripción está entre el 20 y 25% del total de matriculados en la mayoría de los países, pero tienen los más altos porcentajes en algunas facultades como las de humanidades, educación y servicio social.

El machismo también existe en la iglesia, un hecho que se hizo claro en la Conferencia de Obispos Católicos en Puebla, México, la asamblea cumbre de una iglesia de sacerdocio totalmente masculino y totalmente controlado por hombres. Los asuntos femeninos fueron presentados desde afuera de la Conferencia por un grupo de "Mujeres para el Diálogo". Entre las iglesias protestantes se está haciendo más común tener mujeres ordenadas, pero todavía hay mucho que hacer en las estructuras de la iglesia, y aún más en las estructuras mentales de los miembros, incluyendo a las propias mujeres. Es un hecho común que en reuniones donde las mujeres son mayoría no se eligen mujeres como delegadas para asambleas y comités de la iglesia.

Mujeres en política

En todos los países latinoamericanos las mujeres tienen el derecho de votar. Brasil, Cuba y Uruguay otorgaron el derecho de votar en 1934; en Venezuela en 1945; en México 1953; en Honduras en 1955. La participación de las mujeres en las elecciones (¡cuando las tenemos!) llega a ser factor decisivo y los políticos están empezando a poner atención a las preocupaciones de las mujeres y a utilizar sus preferencias y prejuicios femeninos en la propaganda electoral. En Nicaragua, Violeta Chamorro, viuda del periodista asesinado por el régimen de Somoza, es uno de las cinco miembros de la Junta Gobernante. Es común tener mujeres en la Cámara y en el Senado en las mayoría de nuestros países. En Bolivia, una mujer, Lidia Gueiler, fue elegida Presidente de la Cámara y más tarde Presidente Provisional del país después de la crisis política de 1979, junto con tres mujeres en su gabinete. Argentina tuvo una mujer presidente por dos años. Pero a menudo estos sólo son números simbólicos, sin reflejar el hecho de que la mitad de la población y de los ciudadanos que votan son mujeres.

En Chile hubo un creciente movimiento para una mayor participación de las mujeres a diferentes niveles de las actividades cívicas, sociales, económicas y políticas, bajo la presidencia de Allende, pero todo eso fue repentinamente cortado con la toma del poder por la Junta Militar. En Uruguay, durante los días del *Frente Amplio,* en el cual se luchaba por una verdadera alternativa a los antiguos partidos tradicionales, las mujeres participaron en forma sin precedentes en las campañas políticas.

En Cuba—como puede esperarse en un país donde las mujeres son consideradas un recurso básico para la producción y la sociedad—la educación y la participación de las mujeres ha aumentado consi-derablemente en los últimos años. En 1960 se creó la Federación de Mujeres Cubanas que ahora tiene 1.600,000 miembros (un quinto de la población total). La campaña de alfabetización que eliminó el analfabetismo en la isla alcanzó a medio millón de mujeres. Otras noventa mil mujeres que habían abandonado la escuela temprano en su vida obtuvieron el certificado de sexto grado. La inscripción de mujeres en las escuelas secundarias alcanzó al 56%, en pre-universidad 57%, en escuelas para maestros 67%, en escuelas de arte 62% de la inscripción total. El número de mujeres que participan en trabajo remunerado pasó del cuarto millón en 1968 y medio millón cuatro añōs mas tarde: cerca del 50% de la fuerza de trabajo está en la industria liviana, la salud pública y la educación. A las prostitutas se les dió la oportunidad de aprender otros trabajos y profesiones. La prostitución ha desaparecido prácticamente de la isla. Los cubanos parecen compartir la convicción de Mao Tse Tung de que "sin la liberación de las mujeres no habrá revolución".

Los cambios están llegando

Sin embargo, los cambios están llegando. La legislación en casi todos los países latinoamericanos reconoce la igualdad jurídica de las mujeres. La actual legislación boliviana podría tomarse como norma: las mujeres tienen iguales derechos, libertades y garantías reconocidos por la Constitución; las mujeres casadas adquieren la nacionalidad del marido sin perder su propia nacionalidad; pueden adoptar y mantener el nombre de su esposo pero conservando el suyo propio; las esposas tienen derechos y deberes iguales en la conducción y administración de la empresa matrimonial, así como en la crianza y educación de los hijos; son libres de ejercer su propia profesión; el matrimonio es una comunidad de ingreso, que puede dividirse en partes iguales en el momento de su disolución; en caso de divorcio la decisión sobre la tenencia de los hijos no se decide en base al sexo. La madre soltera tiene derecho a exigir una "investigación de paternidad" y reparaciones materiales y morales.

Las leyes sobre el aborto, sin embargo, son muy rígidas, con severas penas tanto para la madre como para el profesional que hace el aborto. Esto tiene como resultado graves consecuencias a causa de los abortos clandestinos y sin garantías, con altos porcentajes de complicaciones para la salud y de muertes. La influencia de la posición Católica Romana sobre el aborto está detrás de este tipo de legislación a todo lo largo de América Latina.

En consecuencia, el problema de la discriminación contra la mujer, no es tanto un asunto de legislación como de práctica. Las leyes pueden cambiarse más fácilmente que las actitudes mentales y los hábitos inveterados—particularmente de las propias mujeres. Como dice José B. Adolph: "Derrocar un gobierno es más fácil que hacer desaparecer un prejuicio". ¡Particularmente cierto en América Latina donde tantos gobiernos son derrocados y donde no faltan los prejuicios!

El otro lado de la moneda: "El varón domado"

Nadie ha ido tan lejos, nos parece, en culpar a la mujer de su actual condición como la socióloga argentina Esther Vilar, con su famoso libro—traducido a varios idiomas—*El Varón Domado.*[9]

Su tesis es que el problema hoy en día no es el de la mujer oprimida sino del varón domado. El hombre puede creer que él es el opresor de *ella,* pero ninguna mujer está obligada a someter su voluntad al hombre hoy en día. Al contrario, las posibilidades de independencia son reconocidas para las mujeres de hoy. Si no pueden zafarse del yugo es porque tal yugo no existe. Por otra parte, el varón se ha acostumbrado a esta servidumbre y no quiere ser libre y hasta encuentra placer en su falta de libertad, o, por los menos, ¡no sospecha que podría ser de otra manera!

¿De qué se trata? Esther Vilar lo dice en forma abrupta: "El hombre es un ser humano que trabaja", que trabaja para la mujer, porque, por definición, una mujer es un ser humano que no trabaja, y que vive a costa del hombre. Esto sucede a través de todo el amplio espectro de la sociedad: al hombre que va al trabajo en su limosina, el que lo hace en un auto más barato, y el que toma un ómnibus para ir al taller:

> Cualquiera que sea el trabajo que él haga, escribir cifras en columnas, tratar pacientes, manejar un ómnibus, adminis-trar una empresa, el varón es constantemente parte de un sistema gigantesco e inmisericorde, listo para el exclusivo propósito de su máxima explotación, y hasta su muerte está condenado a este sistema.

> No, no puede creerse que los varones hagan todas estas cosas por placer, sin sentir nunca el deseo de cambiar de trabajo. Lo hacen porque han sido domados, domesticados, entrenados para ello: toda su vida es una triste sucesión de mímicas, de un animal domesticado. El varón que se detiene en dominar este juego, que empieza a ganar menos dinero es "un fracaso" y pierde todo: esposa, familia, así, aún, el significado de la vida . . . aún un lugar de escondite para su alma en el mundo.

Al escuchar esta andanada, las preguntas se agolpan en nuestra mente. ¿Y qué acerca de la cadena interminable de trabajos domésticos de las mujeres: criar niños, mantener la casa, administrar las finanzas familiares, etc.? ¿Qué acerca de las mujeres que trabajan y las profesionales, y aquellas mujeres que tienen que trabajar una doble jornada, en el hogar y afuera? ¿Qué acerca de la nueva generación de mujeres estudiantes, que se preparan para carreras y optan por un tipo de compañerismo como relación con los varones? La socióloga argentina tiene su respuesta a todas estas preguntas. Tratemos de resumirlas.

En cuanto a las tareas domésticas, hoy en día cualquier trabajo casero se puede terminar en dos horas, gracias a los aparatos automáticos inventados por los hombres para las mujeres. Pero las mujeres gastan mucho tiempo en hacer tortas, bizcochos, en planchar, coser, lavar ventanas y dedicar su tiempo libre para sí mismas, poniéndose ruleros en los cabellos, y pintándose las uñas. Lo que ellas llaman "trabajo doméstico" es su entretenimiento, sus "vicios femeninos". No están interesadas en utilizar su tiempo ahorrado en leer, en aprender, porque han perdido su curiosidad y sus intereses espirituales.

Desde la edad de 12 años están orientadas hacia la meta de conseguir cualquier varón que las mantenga por el resto de sus vidas. Las publicaciones femeninas muestran la reducción intelectual de las lectoras: no les importa nada a no ser que venga con la etiqueta de "femenino". Las mujeres no están interesadas en nada excepto en ellas mismas. Cuando los hombres aparecen en estas revistas femeninas es solamente como el objeto: en el cuerpo de instrucciones acerca de cómo "cazarlo" o cómo mantenerlo sometido.

En cuanto a los niños, son solamente instrumentos para el propósito de las mujeres (también son una justificación para el hombre y su sometimiento a la mujer). Ciertamente, hay algunas incomodidades durante el embarazo, el parto, y un poco después, pero es un pequeño precio para obtener la garantía de comodidad e irresponsabilidad por el resto de su vida. En cuanto los niños empiezan a ir a las guarderías o escuelas, la mujer está libre otra vez para hacer lo que ella quiere. Los niños son usados como "rehenes", para justificar su explotación del varón, en nombre de la maternidad y los niños. Las madres no están interesadas en los niños *en sí*, como puede verse por el hecho de que sólo se preocupan de sus propios hijos y no de otros niños. Es con los niños que comienza la domesticación del varón—y el entrenamiento de la niña para su futura explotación del varón. Las madres comienzan la domesticación del varón, preparando al muchacho para estar eternamente agradecido a su madre "sacrificada" y servir a las mujeres.

Sí, es verdad--continúa Esther Vilar--que las mujeres llenan las universidades hoy en día, y que miles de ellas están trabajando en oficinas y fábricas. Pero estos lugares son simplemente el campo de caza del varón explotado. Aquellas que vienen de familias ricas van a buenas universidades donde pueden encontrar varones que eventualmente ganen para ellas, por lo menos tanto como sus padres. Las chicas de familia de menor ingreso trabajarán en las fábricas, en la tienda, la oficina, el hospital, *provicionalmente* con el mismo propósito. "Las oficinas, fábricas y universidades no son, para las mujeres, nada más que agencias gigantescas de matrimonio". El estudio y el trabajo dura solamenta hasta la ceremonia matrimonial, o, cuando mucho, hasta el primer embarazo. Entonces, la mujer pretenderá que deja el trabajo y el estudio "por amor al hombre que ha escogido".

¿La mujer total?

De acuerdo a Esther Vilar, autora de este tan discutido libro, las mujeres han desarrollado una serie de técnicas y operaciones para domesticar el varón. Es la doma de los animales con azúcar y arroz. El macho humano—desde la infancia—se hace fácilmente un drogadicto del azúcar del *elogio* y hará cualquier cosa para ser elogiado. Para promover la confianza en sí mismo en el varón, la mujer acude a otro truco: la *auto-humillación*. Ella pretenderá que es más débil, menos inteligente y capaz que el hombre. Y, luego, el *sexo* es un eslabón más en la cadena del varón domado:

> El sexo es naturalmente, un placer para las mujeres, pero no el mayor. La satisfacción que produce un orgasmo en una mujer es mucho menor en su escala de valores, comparado con un *coctel party,* o comprarse un par de botas brillantes color calabaza.

Las mujeres administran el sexo de acuerdo con su propósito de mantener el varón a su servicio. Vilar aun aventura la hipótesis de que las mujeres usan a la Iglesia y al el *poder* clerical a favor de ellas, con las nociones de "bien y mal", y una defensa constante de las mujeres y de las responsabilidades de los hombres hacia ellas. El elogio del varón, la auto-humillación de las mujeres y el juego sexual . . . ¿no son precisamente éstas las prescripciones de Marabel Morgan para la *mujer total* en su libro *The Total Woman?*

Finalmente, el varón tiene su parte en esta domesticación de sí mismo, a través de la idealización de la mujer y el poderoso efecto de la industria de la publicidad. La investigación del mercado le dice a los hombres qué es lo que desean las mujeres, lo cual ellos a su vez estimulan por los medios de comunicación. La mujer es el cliente y el hombre es el vendedor. Pero el tiro sale por la culata: la mujer elogia al varón porque trabaja para ella; el hombre elogia a la mujer para que ella pueda gastar todo el dinero que el gana. El hombre es un prisionero de su propia trampa. Y el hombre americano es "el varón mas exitosamente manipulado de la tierra".

Naturalmente, tratándose de una generalización, este cuadro del varón domado, inocente y explotado por una mujer villana, es inaceptable. Pero hay suficientes elementos reales en lo que ella dice para completar el cuadro de las relaciones hombre/mujer en nuestras sociedades de hoy en día. Es un hecho que tanto los hombres como las mujeres son ambos víctimas y victimarios en un sistema común. Lo que dice Esther Vilar acerca de las "mujeres" en general puede aplicarse a un sector importante de la sociedad, aunque no puede aplicarse en la misma forma a las mujeres pobres de nuestra masa oprimida de América Latina. Y, además, no es la realidad de muchas mujeres que trabajan y profesionales que son independientes, o de aquéllas que están luchando para sobrevivir y mantener una familia propia. Esther Vilar naturalmente tiene en mente a las mujeres opulentas de las "villas" surburbanas, aquéllas que prefieren—por conveniencia—este estilo de vida: las mujeres que tienen lo que se ha llamado "el complejo de señoras".

La opinión de Esther Vilar sobre la liberación femenina tampoco es muy positiva. Cierto, hay razones para esta lucha, pero las líderes intelectuales de este movimiento han errado el blanco; la liberación femenina ha fracasado:

> Es triste y grotesco al mismo tiempo que las mujeres de la liberación femenina en Norteamérica—que realmente tienen ciertos motivos para luchar—han dilapidado todos sus poderes, toda su publicidad, todo su tiempo y trabajo, combatiendo contra aquél que no es su enemigo. Es triste y grotesco que ellas persigan con una constante difamación a sus únicos posibles aliados—los varones—mientras que miman con excesivo elogio a la verdadera culpable del dilema en el cual están (la mujer explotadora). Ni un solo varón se ha expresado contra ellas . . . y los hombres están pagando por este fracaso . . . y las mujeres no terminan de madurar. Porque la verdadera liberación de las mujeres sería liberarlas de sus privilegios. . .

Esther Vilar no da orientación en cuanto a soluciones. Parece más bien pesimista y dedica su libro a "la persona que no aparece en él: los pocos hombres que no se dejan domesticar y las pocas mujeres que no se venden".

Concluyamos, por nuestra parte, que la "opresión" de las mujeres y su liberación depende de su clase social. Pero no hay solución en ningún caso sin una participación en común de los hombres y las mujeres por una sociedad mejor para ambos. O nos liberamos juntos o no seremos liberados.

VI

LA IGLESIA DESCUBRE A LOS POBRES . . . Y EL EVANGELIO
Misión para la década del '80

El acontecimiento principal de la Iglesia Cristiana en Latino-américa durante el último tercio del siglo ha sido nada menos que el descubrimiento de los pobres, y en consecuencia, ¡el redescubrimiento del Evangelio!

Probablemente América Latina es en el mundo actual el continente en que la Iglesia todavía es, y está llamada a ser, un factor decisivo en la vida y destino de sus pueblos. Cuando el Papa Juan Pablo II vino a México en febrero de 1979 para inaugurar la Conferencia Episcopal de la región, había tres mil reporteros procedentes de todas partes del mundo y millones de personas llenaron las calles. ¿En qué otra parte del mundo podría una conferencia episcopal regional atraer tal atención mundial o una audiencia tan numerosa? Por otra parte, no solamente la iglesia y los cristianos de toda América Latina estaban a la expectativa de los pronunciamientos finales de la Conferencia de Obispos en Puebla, México, sino también los gobiernos, los estudiantes, los trabajadores y los campesinos de todo el continente. Parte de la explicación de tal expectativa está, precisamente, en el papel que la iglesia ha desempeñado durante los años recientes, desde Medellín en 1968. Las iglesias protestantes no han logrado nada similar ni su influencia puede compararse en modo alguno con la de la Iglesia Católica Romana, que ha tenido un carácter fundamental. Sin embargo, la actuación e influencia protestante, tanto en relación con la Iglesia Católica Romana como en relacion con el pueblo latinoameri-cano, no es de manera alguna insignificante.

LA IGLESIA DESCUBRE AL POBRE. . . Y AL EVANGELIO

La Iglesia Protestante descubre la sociedad

Como hemos dicho antes, uno de los puntos fuertes de la versión protestante del cristianismo es su énfasis en el individuo, tanto en la experiencia personal de Cristo como en las exigencias éticas al individuo. Nosotros los protestantes teníamos una clara comprensión de la vida personal interior, los pecados personales y las virtudes personales, pero nuestra comprensión de los problemas sociales era muy vaga. No teníamos idea del carácter estructural de la sociedad o de sus problemas y dinámica. No podíamos captar los problemas sociales excepto desde una perspectiva individualista. Y fácilmente nos refugiábamos en la antigua semi-verdad evangélica: no habrá sociedad nueva sin nuevas personas; el cambio de corazón por medio de la conversión es la mejor garantía del cambio del mundo. Pero las realidades históricas de América Latina no nos permitirían cerrar los ojos y protegernos dentro de una concha de refugio piadoso. Tarde o temprano, los protestantes de segunda y tercera generación teníamos que descubrir la sociedad. Pero para enfrentarla, necesitábamos nuevos métodos disciplinarios de las ciencias sociales y de las ideologías comtemporáneas—incluyendo el marxismo, de uno u otro tipo. Necesitábamos también una nueva comprensión del evangelio y una nueva teología.

En los comienzos de la década de los sesenta un sector calificado del liderazgo protestante dentro de las iglesias históricas y los grupos ecuménicos, empezó a preocuparse seriamente del contexto latinoamericano para la misión de la iglesia y a llamar a las iglesias a "una encarnación en los sufrimientos y esperanzas de la sociedad en que vivimos". La II Conferencia Evangélica Latinoamericana (la Asamblea Ecuménica más inclusiva en América Latina, conocida como CELA) se reunió en Huampaní, Perú, en 1961. A través de todas las comisiones y documentos, hubo un llamado claro a las iglesias a superar el tradicional individualismo espiritual y asumir sus responsabilidades en la situación dramática del continente latinoamericano, caracterizada por la explosión demográfica, la desnutrición, la mortalidad infantil, el analfabetismo, la pobreza, la explotación, las expectativas crecientes de las masas, etc. La II CELA ya no se preocupaba de justificar su presencia en América Latina—como había hecho la I CELA en Buenos Aires en 1949—sino que estaba procupada de la sociedad latinoamericana. Había gozo, es verdad, en el hecho del crecimiento sin precedentes de la comunidad evangélica en América Latina, pero las iglesias ya no se contentaban meramente con una celebración narcisista o una perspectiva introvertida de la iglesia.

Este descubrimiento de la relación inevitable que existe entre la sociedad y la misión de la iglesia quedó claro en la III CELA en Buenos Aires en 1969, cuando líderes protestantes de todo el continente se reunieron bajo el tema "Deudores al Mundo". Según Orlando Costas, en su disertación doctoral sobre las tendencias misiológicas latino-americanas en años recientes, el protestantismo en la III CELA reveló nueva conciencia, nueva visión de la realidad social, nueva conciencia crítica del papel de la iglesia en la sociedad, y una nueva teología encarnacional de misión.[1]

Esta teología está fundada en la encarnación de Cristo, quien se identificó a sí mismo con la humanidad en su miseria para reconciliarla con Dios y traerle el poder y la esperanza de una nueva vida.[2] Naturalmente, esta nueva conciencia no era homogénea entre las iglesias evangélicas de América Latina. Una nueva controversia estaba surgiendo, ya no sobre cuestiones confesionales o doctrinales, sino sobre cuestiones ideológicas, precisamente sobre la cuestión de la iglesia y el mundo.

Manifiesto a la nación

Las iglesias protestantes se sintieron llamadas a revisar su compresión del Evangelio y la comprensión de sí mismas en relación a la sociedad. "El ejemplo más notable entre las iglesias es el de la Iglesia Evangélica Metodista en Bolivia", dice Orlando Costas, refiriéndose a su "Manifiesto a la Nación", como un hito en el pensamiento misional. El Manifiesto fue publicado por la iglesia antes del Domingo de Resurrección de 1970 como una especie de "credo social", y tarjeta de presentación a la sociedad boliviana cuando la Iglesia Evangélica Metodista en Bolivia se hizo autónoma. Fue leída al Presidente de la República, al Comandante en Jefe de las Fuerzas Armadas, y publicada en su totalidad en la prensa boliviana. Más tarde fue traducida a otros idiomas y circulada alrededor del mundo. En el Manifiesto, la iglesia se define a sí misma como cristiana, protestante, metodista y boliviana; explica su razón de ser en el Evangelio y la misión cristiana; analiza e interpreta el presente de la realidad boliviana; se compromete a trabajar con otros cristianos y con el pueblo boliviano por un nuevo hombre y una nueva sociedad. Así es como la iglesia se ve a sí misma en relación a la sociedad:

> Ante todo nuestra lealtad es a Jesucristo y a su evangelio. Un evangelio total que es "para todos los hombres y para todo el hombre". Por consiguiente, nuestra lealtad es también al hombre, y específicamente al hombre boliviano en nuestro

caso, a quien está dirigido este evangelio liberador, y a quien deseamos servir en el nombre de Cristo. . .

Nuestra razón de ser se funda en el evangelio de Jesucristo que implica la plena humanización del hombre, la realización del propósito de Dios para el hombre que ha creado y redimido. Tiene que ver con una liberación, una salvación que se extiende a todos los aspectos del ser humano: su alma y su destino externo así como a su ser histórico, material, individual y social. Dios está interesado en toda la vida y no solamente en una parte de ella. Este es el mensaje de la Biblia que proclamamos y deseamos encarnar. . .

No solamente hay tendencias deshumanizantes dentro del hombre mismo, hay también fuerzas deshumanizantes incrustadas en la sociedad. El pecado también tiene una dimensión social y objetiva. Las estructuras sociales, políticas, culturales o económicas se hacen deshumanizantes cuando no están al servicio de "todos los hombres y de todo el hombre", en una plalabra, cuando se transforman en estructuras que perpetúan la injusticia. Las estructuras son producto de los hombres pero asumen también un carácter impersonal y hasta demónico yendo mas allá de las posibilidades de la acción individual. La acción colectiva y concertada para cambiar dichas estructuras es necesaria, puesto que no hay estructuras que sean sagradas e incambiables.

El Dios que conocemos en la Biblia es un Dios liberador, un Dios que destruye mitos y enajenamiento. Es un Dios que interviene en la historia para derribar las estructuras de injusticia y que levanta profetas para señalar el camino de la justicia y la misericordia. Es un Dios que libera los esclavos (Exodo), que hace caer imperios y que levanta a los oprimidos (Magnificat, Lucas 1:52). Este es el mensaje de liberación y esperanza del evangelio: "el espíritu del Señor está sobre mi, porque me ha enviado a . . . liberar a los oprimidos" (Lucas 4:18–19). Nos debemos a este mensaje si no queremos ser hallados indignos de nuestra misión y de nuestro nombre.

La Iglesia Cristiana no puede aliarse con ninguna fuerza que oprima o deshumanize al hombre.

La Iglesia Evangélica Metodista en Bolivia estaba oyendo el "clamor de mi pueblo" y definiendo su misión en términos de una respuesta a ese clamor. Otras iglesias en América Latina están tratando de responder en forma similar.

Los grupos ecuménicos abren brecha

Es justo reconocer que el surgimiento de grupos cristianos de reflexión y de acción es lo que ayudó a las iglesias a tomar conciencia de los desafíos de la sociedad latinoamericana y a tratar de formular una respuesta al mismo. Esto es particularmente cierto en cuanto a los llamados grupos ecuménicos "para-eclesiásticos", tales como la Unión Latinoamericana de Juventudes Ecuménicas (ULAJE), la Comisión Evangélica Latinoamericana de Educación Cristiana (CELADEC), el Movimiento Estudiantil Cristiano (MEC), Iglesia y Sociedad en América Latina (ISAL) y la Misión Urbana (MISUR). A estos debemos agregar la Comisión Provisoria Pro Unidad Evangélica Latinoamericana (UNELAM), una especie de órgano conciliar para el ecumenismo evangélico formado por algunos concilios nacionales e iglesias individuales afiliadas.

El Dr. Orlando Costas considera a ISAL "la organización ecuménica protestante más consistentemente radical en América Latina". También ha sido la más influyente y, al mismo tiempo, la más controversial en las iglesias.

ISAL comenzó en 1961, en Huampaní, Perú con su primera asamblea, justo una semana antes de la II CELA. La influencia de sus estudios bíblicos, con sus preocupaciones y análisis sociales, ya era visible, en los documentos de la Conferencia Evangélica Latino-americana. En El Tabo, Chile, 1965, ISAL estaba aguzando su análisis de la sociedad latinoamericana y descubriendo cómo la crisis estaba afectando no solamente a la sociedad sino también a la iglesia. Además fue el comienzo de una nueva reflexión teológica bajo la influencia del teólogo norteamericano Richard Shaull y su revolucionaria teología de la historia.

Mientras tanto, las publicaciones de ISAL, especialmente el cuaderno trimestral *Cristianismo y Sociedad,* estaban proporcionando a las iglesias—o por lo menos a la élite concientizada de las iglesias—una información actualizada sobre América Latina, nuevos métodos de análisis socio-económico y político, y algunas nuevas perspectivas bíblicas y teológicas. Aparecieron varios libros sobre la responsabilidad social de los cristianos, las relaciones entre fe e ideología o entre cristianismo y revolución, y finalmente sobre el concepto global de la liberación.

Cuando la IV Asamblea de ISAL se reunió en Ñaña, Perú en julio de 1971, esa élite cristiana estaba lista para convertirse en un movimiento, o, por lo menos, para alentar a sus miembros a participar en los movimientos políticos, sociales, económicos e ideológicos que buscan la transformación de la sociedad latinoamericana. Por ese entonces, ISAL ya no era sólo un movimiento ecuménico protestante, sino que incluía un número considerable y calificado de sacerdotes, monjas y laicos católicos muy activos en varios países, así como también líderes sindicales y activistas que no eran miembros formales de ninguna iglesia cristiana. Un laboratorio ecuménico sin precedentes estaba en marcha, e ISAL llegó a ser para muchos el signo de la nueva iglesia que iba surgiendo en el encuentro con el mundo. En realidad, muchos rebeldes cristianos encontraron en ISAL su verdadera comunidad eclesial, compartiendo con otros un compromiso común por una nueva humanidad y una nueva sociedad en Cristo. La publicación de *PASOS,* editada en Santiago de Chile por el teólogo Hugo Assmann--sacerdote católico con una vasta experiencia internacional--representaba la nueva forma de hacer teología cristiana: un proceso dialéctico y dinámico de reflección y práctica. El liderazgo de ISAL, junto con sacerdotes radicalizados de la Iglesia Católica Romana, pasó a ser el núcleo original de los *Cristianos para el Socialismo,* un movimiento de corta duración que tuvo significativas repercusiones internacionales.[4]

Como podía esperarse, este proceso de creciente compromiso con la sociedad, y creciente radicalización iba separando a ISAL de los sectores tradicionales de las iglesias, tanto católicos como protestantes. Cuando el golpe militar derrocó al gobierno de Allende en Chile en 1973, la represión era algo común en muchos países vecinos; el liderazgo de ISAL se dispersó por toda América Latina y su estructura fue liquidada. A pesar de este hecho—y de la resistencia y crítica a las ideas y posiciones sostenidas por ISAL—el movimiento tuvo un efecto decididamente estimulante en muchos sectores pensantes y conscientes entre las iglesias de toda América Latina. ISAL, como organización, ha muerto, pero las iglesias nunca serán las mismas. ISAL ha sido "un catalizador y un fermento" según la teóloga argentina Beatriz Melano Couch. Podemos estar perplejos, polarizados, mas o menos comprometidos con la sociedad, pero no podemos alegar ignorancia.

Un proceso similar es el que ha intentado la Comisión Evangélica Latinoamericana de Educación Cristiana (CELADEC). Comenzó hace 30 años con una aventura única en todo el mundo cristiano; la preparación y publicación de un plan completo de Educación Cristiana, a nivel ecuménico para las 20 repúblicas de habla española. En la década de los sesenta publicó un *curriculum* popular de Educación Cristiana llamado *Curso La Nueva Vida en Cristo,* que enfoca la situación real de la gente común de nuestros países. Era revolucionario en su perspectiva (historia de la salvación), en su contenido (la Biblia y la vida real de la gente en relación dinámica), y su metodología ("encuentros congregacionales", en vez de "lecciones", experiencias de "inmersión" en vez de "enseñanza" académica).¡ Pero el propio curso *La Nueva Vida en Cristo* fue revolucionado en el proceso! Comienza con un fuerte énfasis en la experiencia personal del creyente y las relaciones interpersonales del cristiano; examina a continuación la dimensión comunitaria de la fe, es decir, la iglesia; las últimas unidades del tercer año del curso tratan de la sociedad y el mundo. Pero no solamente cambió el tema a este tercer nivel, sino que también habían cambiado los tiempos mientras se publicaban las unidades del curso. Las nuevas perspectivas del pedagogo brasileño, Paulo Freire—especialmente su concepto de *concientización*—eran ya conocidas en las iglesias de vanguardia y se había producido una nueva conciencia de las estructuras y los problemas de la sociedad latinoamericana. Orlando Costas ha señalado, después de haber revisado el curso que, mientras en el primer nivel el acento estaba en el *servicio personal espontáneo* como la responsabilidad cristiana para la sociedad, en el tercer nivel el énfasis cayó en la *acción social planeada*.

Los "evangélicos radicales" y los pentecostales

De este modo, las iglesias protestantes, en muchas formas y en todos los niveles, estaban descubriendo la sociedad latinoamericana y redescubriendo nuevas dimensiones y nuevos significados del Evangelio. Esto estaba ocurriendo incluso en las iglesias llamadas conservadoras, las que en los Estados Unidos se llaman "evangélicas". Los evangélicos latinoamericanos han producido una nueva generación de líderes de calibre internacional que no caben en antiguas categorías de "fundamentalistas", "conservadores", o "evangélicos". Entre ellos hay líderes teológica y sociológicamente bien fundados como Pedro Arana, del Perú, del movimiento llamado Compañerismo Estudiantil (actualmente un miembro de la Asamblea Constituyente de sus país); Orlando Costas, el primer misionólogo protestante latinoamericano; Samuel Escobar, el ex-editor de la revista para estudiantes universitarios *Certeza*; y René Padilla, del Ecuador, quien recientemente fue profesor visitante del Seminario Teológico Unido en Nueva York. Los últimos dos tuvieron una influencia decisiva en el Congreso Internacional de Evangelización Mundial en Lausana, Suiza, en 1974, agitando el ambiente de aquel encuentro evangélico mundial, y guiando el Congreso hacia la reafirmación de un evangelio total, que incluya la responsabilidad social.

Estos nuevos evangélicos latinoamericanos (que probablemente preferirían llamarse "evangélicos radicales") no permitirían que el evangelio sea apropiado por las fuerzas políticas conservadoras y que el adjetivo "evangélico" quede subordinado a las fuerzas conservadoras o que el adjetivo "evangélico" sea monopolizado por el cristianismo cultural conservador representado por muchas de las llamadas "misiones evangélicas" de Norteamérica.[5]

Lo mismo es verdad actualmente de muchos pentecostales en América Latina. Christian Lalive D'Epinay, después de estudiar los movimientos pentecostales en Chile, los describía como viviendo en un estado permanente de "huelga social", separados del mundo y de las luchas sociales de sus vecinos y compañeros de trabajo. Pero esa descripción no corresponde a todos los grupos pentecostales en América Latina. Juan Carlos Ortiz, líder de un movimiento carismático de renovación en Argentina, no acepta la separación entre un evangelio "espiritual" y un evangelio "social", sino que afirma un solo evangelio: tanto espiritual como social y material. Manuel de Mello, de Brasil, hablaría de "un evangelio con pan", que quiere decir educación, alimentación, dignidad humana, liberación. Los pentecostales venezolanos en su convocatoria de San Cristóbal, dicen:

> Mirando las grandes necesidades que tienen nuestros pueblos de hacer real los ideales de Bolívar (la unión de estos países en libertad), nuestra meta es contribuir a las soluciones cristianas para los problemas sociales, políticos, y económicos de las zonas marginales.
>
> Hemos visto a través de los años el sufrimiento de nuestros hermanos marginados, mientras la Iglesia, que debe estar en su defensa, sigue con las manos atadas y una fe vacía, incapaz de ayudar excepto a morir en un lecho de conformismo nauseabundo. . .
>
> Mientras que la injusticia social ha subyugado permanentemente a las clases marginadas, creemos que el pueblo de Dios debe sentir vergüenza por su actitud de indiferencia y debería responder al desafío de Cristo en esta hora crítica para la humanidad . . .

Son cristianos procedentes de las masas pobres marginadas de nuestra sociedad los que habían encontrado nueva vida y esperanza en Cristo, pero quienes comparten y representan, también, "el clamor de mi pueblo," de los desposeídos de América Latina. Ellos han encontrado a Cristo y han descubierto a su pueblo.

Medellín: La Iglesia descubre a los pobres

El cambio más dramático de la última década ha sido, indudablemente, el que ha ocurrido en la Iglesia Católica Romana. La II Conferencia General de los Obispos de América Latina en Medellín, Colombia, en 1968, ha llegado a ser un hito para la iglesia y para la historia reciente de América Latina. Se le ha considerado como uno de los acontecimientos más importantes en la historia del cristianismo de América Latina.

¿A qué se debe esto?

Medellín fue el fin de una era y el comienzo de otra. El propósito de esta Conferencia era poner al día la Iglesia Católica Romana de América Latina, siguiendo las directrices del Concilio Vaticano II, pero fue mucho más allá del Concilio Romano.

El tema era "América Latina a la luz del Vaticano II", pero, de hecho fue cambiado a "El Vaticano II a la luz de América Latina".

Parecería como si la antigua Iglesia Católica Romana de la Contrarreforma repentinamente estuviera tratando de alcanzar una Reforma aplazada por 400 años, y al mismo tiempo involucrarse en la revolución del siglo XX. La nueva era de la iglesia fue visiblemente dramatizada por la presencia del Papa Pablo VI y por primera vez en la historia de representantes de iglesias no-católicas. Como ya hemos notado, hubo en Medellín una nueva perspectiva misionera: América Latina era vista por primera vez por los representantes oficiales de la Iglesia Católica Romana, como "un mundo todavía no evangelizado, un continente nuevo todavía por cristianizar".[6]

En Medellín la Iglesia Católica Romana llegó a tener conciencia de su propia identidad (no simplemente como agencia de la Curia Romana) y comenzó una búsqueda de sus propias orientaciones pastorales autóctonas.[7] La Iglesia descubrió una nueva forma de ser una "encarnación latinoamericana", no tanto en términos de formas institucionalizadas como en términos de la vida y las luchas del pueblo, y al hacerlo así, dió nacimiento e impulsó a la que más tarde se llamaría la «teología de la liberación».

Pero, probablemente, el significado esencial y revolucionario de Medellín fue el descubrimiento de los pobres por parte de la iglesia y con él, la recuperación del evangelio bíblico total. El factor sorprendente y dominante en el proceso de preparación y en la dinámica de la conferencia de Medellín, fue la nueva conciencia del contexto latinoamericano y sus implicaciones para la misión de la iglesia. Nunca antes en este continente había la iglesia tomado tan seriamente las condiciones humanas y sociales.

Las realidades latinoamericanas—algunas de las cuales hemos

considerado en anteriores capítulos de este libro—se imponían vivamente a los obispos, sacerdotes, monjas, laicos cristianos de todo el continente, y surgían en la primera plana de congresos, conferencias, simposios, declaraciones públicas, y documentos sobre la marcha. El documento preparatorio de Medellín describe estas realidades como una "lucha por el desarrollo" y "un estado de subdesarrollo". El documento de trabajo concluye: "El desafío no es entre el *status quo* y el cambio, es entre cambio violento y cambio pacífico".

Los 156 obispos no estaban solos en Medellín: habían cien peritos con ellos. Con la ayuda de economistas, sociólogos y teólogos cristianos, los obispos pudieron ver con mayor profundidad de la acostumbrada visión impresionista, los males de América Latina, y detectar las raíces, las causas y las estructuras subyacentes de la injusticia y la opresión. Llamaron a esas realidades y estructuras "colonialismo externo", "imperialismo del dinero" y "colonialismo interno". Proféticamente los señalaron como "violencia institucionalizada" y como "una situación de pecado".

La tentación a la violencia

Era en 1968, un año de violencia. Había ambiente de revolución. Era el año de las revoluciones estudiantiles en París, Berkeley y Tokio. Era el período crítico de la guerra de guerrillas en varios países latinoamericanos. Precisamente dos años antes de la Conferencia de Obispos, un sacerdote colombiano, Camilo Torres, había muerto como miembro de un grupo guerrillero en las selvas de su país. Exactamente un año antes de la Conferencia, Ernesto "Che" Guevara había sido muerto por las fuerzas contrainsurgentes en Bolivia, entrenadas por el Pentágono. Así pues, la violencia revolucionaria era un asunto candente para muchos cristianos en América Latina. Los obispos de Medellín no podían evitar el tema.

Pero los obispos sabían que la violencia revolucionaria no es la raíz del problema de nuestras sociedades, sino sólo un síntoma. Dom Helder Cámara, a la vez que abogaba en todo el mundo por una revolución radical, pero no violenta de las estructuras de injusticia y opresión, tenía una idea muy clara acerca del problema contemporaneo de la violencia. "Hay tres clases de violencia", decía. La violencia número uno es la *violencia institucionalizada del sistema,* que produce la pobreza, el sufrimiento, la marginalidad, y la injusticia. La gente reacciona contra la violencia número uno con la violencia número dos: la *violencia revolucionaria.* Entonces los gobiernos y las clases dominantes responden a la violencia número dos con la violencia número tres: la *violencia represiva*, la violencia fascista. Así entonces la revolución violenta en América Latina es a la vez justa e imposible. Es justa, porque es una reacción contra la injusticia y la opresión. Pero es imposible a causa del terrible poder del Estado para reprimir cualquier revolución. Los ejércitos y las fuerzas policiales están entrenados y armados para reprimir con éxito cualquier acción revolucionaria.[8] Los obispos de Medellín, denunciaron entonces, la verdadera naturaleza de la violencia incrustada en nuestras sociedades:

> En muchas partes de América Latina se experimenta una situación de injusticia que puede llamarse violencia institucionalizada. Las estructuras de la industria y la agricultura, de la economía nacional e internacional, la vida cultural y política, todas violan derechos fundamentales. Pueblos enteros carecen de las necesidades más indispensables y viven en una condición de tal dependencia que no pueden ejercer ni iniciativa ni responsabilidad. De igual modo, carecen de toda posibilidad de mejoramiento cultural o de participación en la vida social y política. Tales situaciones reclaman cambios globales, osados, urgentes y básicamente renovadores. No debería sorprender a nadie que la *tentación a la violencia* se manifieste en América Latina. Es malo abusar de la paciencia de los pueblos que han sufrido, por años, una situación que podría llegar a ser intolerable si fueran más concientes de sus derechos como seres humanos.[9]

En realidad, lo que los obispos estaban diciendo era: la paz es obra de la justicia. La injusticia es la raíz de la violencia. Al hablar de esta manera, los obispos en Medellín estaban escuchando seriamente "el clamor de mi pueblo" oprimido y tentado a la violencia.

Entre Medellín y Puebla: El costo de la profecía

Los obispos hablaron en Medellín con una sola voz. Pero no fue fácil para muchos de ellos hablar tan clara y proféticamente cuando volvieron a sus propias diócesis. Algunos de ellos ni siquiera estaban realmente convencidos de las nuevas perspectivas teológicas y la nueva posición de la iglesia ante los poderes gobernantes. Tenían que confrontar la protesta de los miembros conservadores de la iglesia y la reacción de los regímenes y gobiernos represivos acostumbrados a usar ideológicamente la iglesia en apoyo al sistema. Muchos teólogos y grupos activistas llevaban adelante las orientaciones de Medellín "hasta sus últimas consecuencias". Muchos obispos se asustaron y se abstuvieron.

Un exiliado argentino, que estuvo presente con otros exiliados latinoamericanos en una conferencia de prensa en Puebla en 1979, dio este firme testimonio sobre Medellín:

> Cuando la Conferencia en Medellín, yo tenía 16 años de edad. Medellín dio a los jóvenes una razón para vivir, razones para esperar y sobre todo nos ayudó a ver a Cristo identificándose a sí mismo con los pobres. Formamos pequeños grupos de oración y reflexión, y empezamos a ver la necesidad de vivir y trabajar con los pobres. Esta, para mí, fue una verdadera conversión, en el sentido de que todos los planes que tenía para mi vida fueron cuestionados cuando me di cuenta de cuán serias eran las necesidades de los pobres.

> Pero cuando empezamos a actuar en base a nuestras convicciones, los militares empezaron a sospechar de nosotros. Como resultado, muchos de nosotros fuimos arrestados y encarcelados. Otros tuvieron que irse al exilio. Así cuando supimos que los obispos iban a reunirse otra vez en Puebla, vinimos aquí para pedirles su apoyo, para pedirles que recordaran que nosotros comenzamos por lo que ellos dijeron en Medellín. . . Somos hijos de Medellín.[10]

Los "Hijos de Medellín" pronto descubrieron el costo de la profecía.

La represión golpeó de frente a la iglesia. La publicación francesa *Diffusion de L'information sur L'Amerique Latine* (D.I.A.L.) compiló cerca de 1500 nombres de sacerdotes, hermanos, obispos, monjas y laicos activos que habían sido arrestados, interrogados, difamados, torturados, secuestrados, asesinados o exiliados durante la década de 1968-1978. Entre ellos 71 fueron torturados, 69 fueron asesinados y 279 fueron exiliados, (la mayoría sacerdotes misioneros extranjeros y miembros de órdenes religiosas). La iglesia latinoamericana llegó a ser otra vez "la iglesia de las catacumbas". Este es el precio de la profecía.

No es por casualidad que el período más agudo de la represión contra la iglesia fue durante los años 1969-1970, inmediatamente después de Medellín. Cuando Nelson Rockefeller presentó su informe al Presidente Nixon sobre América Latina, después de su "visión panorámica del hemisferio marcado por manifestaciones violentas" en 1969, incluyó a la iglesia entre las "fuerzas que buscan el cambio", diciendo:

Verdaderamente, la iglesia puede estar en una posición similar a la de la juventud: con un profundo idealismo pero, como consecuencia, en algunos casos, vulnerable a la penetración subversiva; lista para llevar a cabo la revolución, si es necesario, para poner fin a la injusticia, pero sin claridad en cuanto a la naturaleza última de la revolución o al sistema de gobierno por el cual pudiera realizarse la justicia que busca.

A pesar del tono paternalista de Rockefeller al comparar a la iglesia con la juventud idealista, vulnerable y sin claridad, estaba reconociendo el hecho de que la iglesia era una "fuerza dedicada al cambio" y que su apoyo a los poderes establecidos no podría ya darse por sentado. La Iglesia había descubierto a los pobres y—como Dios en la Biblia—estaba poniéndose del lado de ellos.

"La voz de los-sin-voz"

En una atmósfera de represión creciente la iglesia está llegando a ser más y más la "voz de los-sin-voz". En muchos casos es la única voz. Un joven dominicano encarcelado en Brasil hizo el siguiente llamado angustioso pidiendo ayuda a su iglesia justamente después de su intento de suicidio:

La esperanza de los prisioneros está en la iglesia, la única institución brasileña fuera del control militar del Estado. Su misión es defender y promover la dignidad humana. Dondequiera que haya alguien que sufre, es el Maestro quien sufre. Ha llegado la hora cuando, antes que sea demasiado tarde, nuestros obispos deben decir: ¡Basta!, frente a la tortura y las injusticias que el régimen está utilizando. La iglesia no debe ser culpable de pecados de omisión. Llevamos las pruebas de las torturas en nuestros cuerpos. Si la iglesia no hace frente a esta situación, ¿quién lo hará? En un momento como el actual el silencio es pecado de omisión. La palabra hablada es un riesgo, pero además es un testimonio. La iglesia tiene que existir como signo y sacramento de la justicia de Dios en el mundo.[11]

La iglesia ha sido esta clase de signo durante "la larga noche del terror". A veces en voz baja y con gesto mesurado, en largos y anónimos trámites con autoridades y funcionarios, rogando por prisioneros, abogando por personas y grupos, sosteniendo a sus familias, alimentando a miles de personas sin trabajo, levantando puentes de tolerancia y comprensión, consiguiendo un perdón de

"¡Basta!" por Solón.

último minuto o un rápido exilio para salvar una vida. En otras ocasiones denuncia públicamente las torturas, las injusticias, analiza la situación en serios documentos, reune datos y colecciona documentos afines sobre la defensa de los derechos humanos para organizaciones internacionales. Anuncia estos males, proclama el evangelio de esperanza y liberación, como si dijere con el Señor de la iglesia: "Erguíos y levantad vuestra cabeza porque la hora de vuestra liberación está cerca" (Lucas 21:28).

Ya sea en voz baja o en voz alta y clara, anómina o públicamente, de palabra o de hecho, denunciando o proclamando, el testimonio profético es siempre costoso.

La iglesia de los mártires

Durante esta larga década la iglesia ha llegado a ser otra vez la iglesia de los mártires.

Una de las primeras víctimas de esta represión contra el testimonio cristiano fue el secretario del Monseñor Helder Cámara, padre *Antonio Henrique Neto,* quien fue salvajemente asesinado el 26 de mayo de 1969, en la ciudad de Recife. Trabajaba con la juventud, particularmente con estudiantes, pero probablemente su asesinato estuvo relacionado con una campaña de intimidación contra el Arzobispo de Recife.[12]

Algunas veces la reacción salvaje se producía precisamente porque estos ministros cristianos rogaban o defendían a los indefensos. El padre *Rodolfo Lunkenbein,* de Matto Grosso, Brasil, fue muerto por grandes terratenientes mientras estaba con los indios del área, aunque no hubo ninguna provocación violenta por parte de ellos. El padre *Joao Bosco Penido Bournier,* misionero jesuíta, fue a la estación de policía con el Obispo Pedro Casaldáliga, en el mismo estado de Matto Grosso, para interceder por dos mujeres campesinas que estaban siendo torturadas y cuyos gritos se oían en toda la población. Fue insultado y abofeteado en presencia del Obispo, golpeado con un revólver en la cara y muerto con una bala expansiva.[13] La gente del lugar, incluyendo las mujeres torturadas, levantaron mas tarde una cruz donde había sido asesinado el padre Joao Bosco y con su propias manos destruyeron las puertas de la cárcel. Decidieron levantar un templo en memoria del padre Joao Bosco en el mismo lugar, pero la policía no dejó que lo hicieran y dos veces destruyeron la cruz erigida en su memoria. Dijo el Obispo Casaldáliga: "No importa. La iglesia será construída en otro lugar. Lo que importa es que la iglesia se construya sobre la sangre de los mártires. . ."

Otras veces los asesinatos no tenían relación alguna con los actos de las víctimas, sino que eran cometidos simplemente por venganza o intimidación. Los sacerdotes han llegado a ser el blanco de grupos derechistas para-militares o para-policiales. Tal fue el caso de los padres *Duffau, Kelly y Leaden* y de los seminaristas *Barletti y Barbeito* a quienes se encontró asesinados en Buenos Aires, Argentina, el día después que la hija de un almirante fue muerta en su casa por una bomba colocada por una organización terrorista. Las cinco víctimas no tenían nada que ver con la acción terrorista.

Lo mismo sucedió en El Salvador donde los terroristas derechistas de la Unión Guerrera Blanca asesinó al sacerdote *Alfonso Navarro,* "un activo cura párroco que había venido trabajando entre grupos obreros y campesinos," en venganza por el asesinato del ministro de relaciones exteriores Mauricio Borgonovo Pohl el 10 de mayo de 1977, por las *Fuerzas Populares de Liberación.*[14]

El grupo terrorista de la Unión Guerrera Blanca dictó un ultimátum a los 50 jesuítas que habían en El Salvador para que eligieran entre abandonar el país o ser muertos. Los jesuitas permanecieron en el país diciendo: "Continuaremos siendo fieles a nuestra misión hasta que cumplamos nuestro deber o seamos liquidados". Debido precisamente a esta identificación de la iglesia con el pueblo empobrecido y perseguido de El Salvador, especialmente los campesinos pobres, los jesuítas y otros sacerdotes, incluyendo el Arzobispo *Oscar Arnulfo Romero,* son objeto de la ira del grupo dominante en ese pequeño país centroamericano.*[15]

Puebla: El clamor resuena otra vez

Durante los últimos dos años de preparación para la Tercera Conferencia del CELAM, la cuestión latente era: ¿Confirmará Puebla y desarrollará lo acordado en Medellín o se dará marcha atrás? Se había producido una lucha tanto subterránea como abierta entre los progresistas y sectores conservadores de la Iglesia Católica Romana. El Secretario General del CELAM, Monseñor Alfonso López Trujillo, reconocido conservador y enemigo de la teología de la liberación, tenía inmenso poder para ejercer y libertad para manipular durante ese tiempo. El Vaticano tenía poder para nombrar un número considerable de miembros de la conferencia, poniendo así más peso del lado conservador. La influencia del Papa tuvo un efecto moderador. La conferencia se organizó en tal forma que los obispos quedaron aislados detrás de lo que se llamó "la cortina de terciopelo".

---

*El Arzobispo Romero fue asesinado a balazos mientra oficiaba misa en un hospital en marzo de 1980.

Se les mantuvo lejos de la prensa y de los teólogos de la liberación. A Gary McEoin y otros como él se les negó credenciales de prensa. Pero los obispos encontraron formas de entrar en contacto con unos y con otros, y aún las "Mujeres para el Diálogo" pudieron llegar con su mensaje a los obispos. Era evidente la influencia de los "obispos progresistas" como Helder Cámara y Paulo Evaristo Arns de Brasil, Leonidas Proaño de Ecuador y Oscar Romero de El Salvador.

La Conferencia de Puebla adoptó una posición intermedia. No hubo apoyo a la teología de la liberación, como algunos radicales habrían deseado, pero tampoco hubo condenación como otros deseaban. Hubo una clara formulación doctrinal, siguiendo las líneas de las estructuras católicas clásicas, pero la línea profética también fue visible. Se rechazó la violencia y no se alentó a los sacerdotes a participar directamente en política, pero fueron reiterados la denuncia de la injusticia y la represión y el llamado a los cristianos a participar en la sociedad. La "Exhortación Apostólica sobre la Evangelización", del Papa Paulo VI, que sirvió como documento básico para la discusión del tema "la evangelización en América Latina, hoy y en el futuro", recibió sanción como un concepto equilibrado de liberación. Las *comunidades de base* recibieron su consagración oficial, y la "opción por los pobres" surgió fuerte y clara. En otras palabras, Medellín fue confirmada.[16]

"El clamor de mi pueblo", el clamor de los pobres de América Latina, atravesó la "cortina de terciopelo" y prevaleció sobre todos los designios que intentaban mantener a Puebla en una atmósfera institucional y espiritualmente ascéptica. Una vez más se oyó el clamor levantado en Medellín, amplificado por 10 años de penosa lucha en defensa de los pobres y de los oprimidos.

> Desde el seno de los diversos países del continente está subiendo hasta el cielo un clamor cada vez más tumultuoso e impresionante. Es el grito de un pueblo que sufre y que exige justicia, libertad, respeto a los derechos fundamentales del hombre y de los pueblos.

> La Conferencia de Medellín apuntaba ya, hace poco más de diez años, la comprobación de este hecho: "Un sordo clamor brota de millones de hombres, pidiendo a sus pastores una liberación que no les llega de ninguna parte". (Pobreza de la Iglesia, 2).

> El clamor puede haber parecido sordo en ese entonces. Ahora es claro, creciente, impetuoso y, en ocasiones, amenazante.

Nuestra misión de llevar Dios a los hombres y los hombres a Dios implica también construir entre ellos una sociedad más fraterna.[17]

El clamor de los pobres fue oído en el contexto de la situación escandalosa y contradictoria de la sociedad latinoamericana, con su creciente brecha entre ricos y pobres. De este modo el oir se transformó en denuncia:

> Vemos, a la luz de la fe, como un escándalo y una contradicción con el ser cristiano, la creciente brecha entre ricos y pobres. . . El lujo de unos pocos se convierte en insulto contra la miseria de las grandes masas. Esto es contrario al plan del Creador y al honor que se le debe. En esta angustia y dolor, la Iglesia discierne una situación de pecado social, de gravedad tanto mayor por darse en países que se llaman católicos y que tienen la capacidad de cambiar. . .

Opción preferencial por los pobres

Los obispos expresaron claramente su "opción preferencial por los pobres" pero su concepto del pobre no fue exclusivista ni simplista. Repasando el documento—resultado del trabajo coordinado de 21 comisiones—uno se siente impresionado por la acertada formulación del concepto del pobre, basado en la Biblia y directamente relacionado con la situación actual de América Latina:

> La gran mayoría de nuestras hermanas y hermanos todavía viven en una situación de pobreza y aun de extrema miseria. Los pobres no sólo carecen de bienes materiales, sino también de participación social y política. Ellos han sido hechos a imagen y semejanza de Dios y son el objeto de la predilección de Dios. La Iglesia toma por ellos una opción preferencial, muy especial, no exclusiva ni excluyente. Y este compromiso con el pobre—un signo de la autenticidad evangélica—exige la conversión de toda la Iglesia en vista de su total liberación. La Iglesia en muchos sectores y lugares ha hecho más real y ha profundizado su compromiso con el pobre en denuncia profética y servicio, muchas veces produciendo tensiones y conflictos, persecuciones, veja-ciones, y aún la muerte. Pero no todos los cristianos ni iglesias se han comprometido en su testimonio, solidaridad y servicio al pobre.[18]

La reflexión doctrinal del documento nos ofrece un fundamente bíblico para tal opción preferencial por los pobres:

> El compromiso evangélico de la Iglesia, como dijo el Papa, debe ser, como el compromiso de Cristo, con los más pobres (Lucas 4:18-21). El Hijo de Dios mostró este compromiso al hacerse humano, identificándose con el pueblo, siendo uno de ellos y asumiendo la situación en la cual ellos estaban: en su vida, y sobre todo en su pasión y muerte donde alcanzó la máxima expresión de pobreza.
>
> Por esta sola razón, los pobres merecen la atención preferencial, cualquiera sea su situación moral o personal. Hechos a la imagen de Dios para llegar a ser sus hijos, esta imagen ha sido oscurecida y aún despreciada. Por eso Dios toma su defensa y los ama. Por esto es que los pobres son los primeros destinatarios de la misión y su evangelización es *por excelencia* el signo de la misión en Jesús.[19]

La iglesia debe demostrar su opción por los pobres haciéndose pobre ella misma. Los cristianos igualmente están llamados a adóptar la pobreza evangélica, "en solidaridad con los que son materialmente pobres", (buscando los mecanismos generadores de la pobreza, en la sociedad), y cooperando con otras iglesias y otras personas de buena voluntad "para erradicar la pobreza y crear un mundo más justo y fraternal".

Evangelización—hoy y mañana

Debemos recordar que toda esta procupación de Puebla por los pobres surge en el contexto de la preocupación suprema por la evangelización. Los obispos del nordeste del Brasil habían declarado valientemente en su documento preparatorio: "Asumir la situación de los pobres es la condición necesaria para entender el evangelio como buenas nuevas." Esta afirmación llegó a ser el axioma básico de Puebla, ligando inextricablemente la evangelización con los pobres. Veamos cual es el fundamento de esta sorprendente declaración:

> Los pobres son los primeros destinatarios de la misión, tanto en Jesús como en su iglesia. Y los pobres tienen también un potencial para la evangelización, porque ellos cuestionan a la iglesia constantemente, llamándola a la reflexión, llamándola a la conversión, y porque muchos de ellos llevan en sus vidas los valores evangélicos de la solidaridad, el servicio, la simplicidad y la disponibilidad para recibir el don de Dios.

Al acercarse a los pobres para acompañarles y servirles estamos haciendo lo que Jesús nos enseñó cuando El se hizo nuestro hermano, pobres como somos. Por consiguiente, nuestro servicio a los pobres es el criterio privilegiado, aunque no exclusivo, de nuestro seguimiento de Cristo. El mejor servicio a nuestro hermano o hermana es la evangelización que prepara para llegar a ser hijos de Dios, para liberarles de las injusticias y para promover su vida humana total.[20]

Cuando Puebla elabora estos conceptos sobre la evangelización, nosotros los protestantes, que estamos tan comprometidos con la evangelización y la consideramos nuestra vocación fundamental, haríamos bien en poner atención. La interpretación de Puebla sobre la evangelización es integral, en el contexto del evangelio, en los alcances de la evangelización (evangelizar a los pobres, las élites, la juventud, la familia, la iglesia, la cultura, la religiosidad popular, etc.) y en la metodología de la evangelización.

Especialmente significativa y reveladora es la caracterización de las familias y de las *"comunidades de base"* como los agentes adecuados para la evangelización. Los conceptos fundamentales están tomados de la "Exhortación Apostólica," *Evangelii Nuntiandi,* del Papa Paulo VI pero el análisis del contexto latinoamericano para la evangelización y la encarnación del evangelio en nuestra situación fueron el aporte específico de Puebla.

Hay algo, sin embargo, que preocupa a los protestantes y católicos de mentalidad ecuménica, y esto es el énfasis mariano (incluyendo la piedad popular en torno a las imágenes y santuarios de María) fomentado por la visita del Papa (a México) y recogido por la Conferencia, y las escasas referencias a la dimensión ecuménica de la misión de la iglesia en América Latina en la actualidad. La visita del Papa y su proyección pública, a pesar de su innegable simpatía y calidad humana, han contribuído paradójicamente, a reforzar los aspectos más tradicionales e institucionales del catolicismo de América Latina. Aunque tenemos las esperanza de que la realidad dinámica del catolicismo en América Latina vaya más allá de la comprensión y las expectativas del Papa, lo que hemos dicho antes es algo para tener en cuenta en nuestra misión para la década de los ochenta en América Latina.

Paradójicamente, esto puede significar que necesitamos, a la vez, ¡ser *más protestantes y más ecuménicos* en nuestro testimonio en América Latina! Para el futuro de América Latina, nosotros, los protestantes, deberíamos estar más orientados hacia el ecumenismo.

Por el bien de la Iglesia Católica Romana, de su renovación y recuperación de la dimensión evangélica de su misión, necesitamos ser mejores protestantes y evangélicos en nuestro testimonio. Aquí se encuentra la raíz de nuestro compromiso con América Latina.

En relación con esto es que podemos comprender la importancia de la Asamblea de Iglesias de Oaxtepec.

Oaxtepec: El Concilio Latinoamericano de Iglesias.

El movimiento ecuménico en América Latina tiene una historia larga y rica, comenzando con el Congreso de Panamá en 1916. Algunos de los concilios nacionales de iglesias como el mexicano, tienen más de medio siglo de antigüedad. En 1941 la Unión Latinoamericana de Juventudes Evangélicas (ULAJE) fue pionera en la región y en el mundo con un memorable congreso continental, donde algunos de los más notable líderes de América Latina se iniciaron en las lides del movimiento ecuménico internacional. Como hemos visto, la Conferencia Evangélica Latinoamericana (CELA) se reunió tres veces: en Buenos Aires, 1949; Huampaní, 1961 y Buenos Aires, 1969, reuniendo una amplia gama de protestantes del continente para reflexionar juntos sobre el significado de la presencia evangélica y su misión en nuestro continente. Hemos mencionados también los grupos ecuménicos orientados hacia tareas concretas, como ISAL, CELADEC, MEC, MISUR, que contribuyeron grandemente al testimonio y la reflexión ecuménica. No hemos mencionado otros grupos y actividades como las cuatro Asociaciones Regionales de Escuelas Teológicas o el Congreso Latinoamericano de Evangelización (CLADE), o Evangelismo a Fondo, que reunió a casi todas las iglesias protestantes en varios países.

Pero a pesar de todas estas manifestaciones de unidad y cooperación evangélica, nunca llegamos a constituir un Concilio Latinoamericano de Iglesias. En 1963, UNELAM fue creado como una Comisión Provisional Pro-Unidad Evangélica en América Latina, bajo el creativo liderazgo del pastor Emilio Castro de Uruguay, actual Director de la Comisión Mundial de Misión y Evangelismo en Ginebra. Durante 15 años UNELAM estuvo preparando el camino hacia una cooperación más estrecha y más orgánica de latinoamericanos, a través de la participación directa de iglesias y concilios afiliados y auspiciando consultas y talleres en áreas de interés común para las iglesias. Así, Oaxtepec fue el fruto final de esta larga historia de búsqueda para las iglesias latinoamericanas en que se alternaron la esperanza y la agonía. Puede ser que este haya sido también un signo de los tiempos.

Entre el 19 y el 26 de octubre, 1978, 110 iglesias y 10 organismos ecuménicos se reunieron en Oaxtepec, México. La representación fue significativa: 24% en representación de iglesias Luteranas de varios países; 25% de representantes de varias iglesias pentecostales; 17% de iglesias metodistas nacionales; y el resto de otras denominaciones. Algunos eran organismos creados por la nueva generación de evangélicos conservadores, tales como el Centro Evangélico Latinoamericano de Estudios Pastorales (CELEP) y la Fraternidad Teológica Latinoamericana. Estas últimas quedaron representadas en el Comité Ejecutivo elegido en la Asamblea.

La Asamblea trató dos asuntos fundamentales: la unidad cristiana y la misión cristiana en la situación concreta de América Latina. Las áreas referentes al contexto latinoamericano para la misión mostraron la nueva conciencia y la amplitud de intereses de la generación actual. Se decidió crear el Concilio Latinoamericano de Iglesias (CLAI) (en formación), que ahora pasa—a través del Comité Ejecutivo elegido—a las iglesias para ser puesto en práctica.

Uno de los hechos más notables de la Asamblea de Oaxtepec fue la constante referencia, en todos los documentos de los 10 grupos de discusión, a la presencia de "los pobres". Algunos consideran que la Asamblea de Oaxtepec fue aún más específica y clara en este punto que la Conferencia de Puebla. Sea como fuere, el hecho es que las iglesias evangélicas de América Latina están comenzando a oir fuerte y claro "el clamor de mi pueblo".

Como un hito histórico, como augurio del futuro y también como signo de esperanza, nos gustaría cerrar este capítulo sobre las iglesias latinoamericanas con la carta de la Asamblea de Oaxtepec.

Oaxtepec, Mexico
26 de septiembre, 1978

CARTA A LAS IGLESIAS CRISTIANAS
Y A LOS ORGANISMOS INTERDENOMINACIONALES DE AMERICA LATINA

Saludos en nombre de nuestro Señor Jesucristo.

Nosotros, representantes de 110 distintas iglesias y 10 organismos ecuménicos de todo el continente, conscientes del deseo de nuestro Señor de que seamos uno y atentos al desafío y a las exigencias de esta hora, nos hemos reunido como hermanos para reflexionar, a la luz de las Escrituras, acerca de nuestra vocación común y concretizar nuestro anhelo por la unidad.

En esta Asamblea hemos descubierto de nuevo que nuestra unidad es una reflexión y participación de unidad y de amor con el Padre, el Hijo y el Espíritu Santo. Hemos orado y hemos cantado juntos. Nos hemos acercado juntos a la Mesa del Señor, y hemos compartido experiencias de gozo y de dolor de nuestros hermanos. Hemos debatido con calor y con franqueza complejos temas que tiene que ver con la vida y la misión de la Iglesia en nuestro continente. Hemos escuchado de nuevo el urgente llamado a la proclamación integral del Evangelio. Hemos reconocido que la Iglesia está insertada en una realidad que manifiesta las consecuencias del pecado y que ella participa de esta realidad. Hemos sido desafiados a buscar al Rey del Reino en medio de las grandes contradicciones y acuciantes necesidades de nuestros pueblos.

Confesamos que hemos deshonrado a Dios con nuestras divisiones, nuestro orgullo y nuestra desobediencia a El. Confesamos que nuestra indiferencia ante el clamor de los sectores más olvidados, oprimidos y necesitados de nuestros países contradice las exigencias del Evangelio. Confesamos que no hemos estado siempre atentos a la voz de nuestro Señor que nos llama a actuar en forma solidaria y eficaz en favor de los que sufren.

Nos unimos en hacer un llamado a los cristianos de América Latina que respondan a las exigencias de la justicia del Reino de Dios en un discipulado obediente y radical.

Deseamos comunicarles que, junto al estudio bíblico penetrante sobre el tema de la unidad, los delegados de la Asamblea de Iglesias de América Latina estudiamos y analizamos varios temas que reflejan la problemática de nuestros pueblos, de los cuales señalamos algunos a continuación con el fin de compartirles nuestra profunda preocupación al respecto.

ESTRUCTURAS DE PODER. En los males que aquejan a los pueblos de nuestro continente no nos enfrentamos solamente con el pecado individual sino con poderes demoníacos de opresión y deshumanización atrincherados en estructuras económicas, políticas, sociales e ideológicas. La dependencia económica que empobrece a nuestros pueblos y traba su desarrollo, las injusticias que marginan a sectores enteros del pueblo y concentran el poder en pequeños grupos, la represión que se abate sobre algunos pueblos y sectores de los pueblos son algunas de las manifestaciones de tal situación.

Como cristianos que creen en Aquél que ha vencido los poderes del mal, la fuente de toda autoridad auténtica y de todo poder genuino, hemos de comprometernos a luchar por la transformación de todas aquellas estructuras, para que lleguen a cumplir el servicio para el que fueron creadas.

SECTORES OLVIDADOS: La marginación que sufren grandes sectores de la sociedad como los niños, los jóvenes, los ancianos y las mujeres, atenta contra la dignidad del ser humano creado "a la imagen y semejanza de Dios". La Iglesia tiene el deber de propiciar la realización plena de cada uno de los componentes de la sociedad.

PUEBLOS AUTOCTONOS: La situación del indígena nos ofrece un cuadro desalentador que golpea nuestras conciencias: la usurpación de sus tierras, su abandono por las instituciones gubernamentales, y la explotación y discriminación. Se exhorta a la Iglesia a co-participar en la solución de estos problemas.

PASTORAL A LOS QUEBRANTADOS Y DEFENSA DE LA VIDA: Urge una pastoral dirigida a las víctimas de todo tipo de violación de legítimos derechos: los desaparecidos y sus familias, los presos políticos, los refugiados y los que sufren represión.

DEFENSA DE LA ECOLOGIA: La explotación irresponsable de los recursos no renovables destruye el equilibrio biológico y atenta contra el bienestar de ésta y futuras generaciones. La Iglesia debe crear conciencia del problema ecológico y denunciar casos específicos de contaminación ambiental.

SITUACION EN NICARAGUA: La situación extrema que vive en estos momentos el pueblo de Nicaragua nos llama a una solidaridad cristiana con aquéllos que sufren la violencia y represión y viven la tragedia de sus derechos quebrantados.*

*Este documento fue escrito antes del derrumbe de la dinastía Somocista. Posteriormente CLAI exhorta a las iglesias a participar en la reconstrucción de la nación de Nicaragua.

CLAI—EN FORMACION: La Asamblea de Iglesias de América Latina, reconociendo al Señor Jesucristo como su Dios y Salvador de acuerdo a las Sagradas Escrituras y considerando su común vocación, sentó las bases para la creación del Consejo Latinoamericano de Iglesias. Con el fin de asentar nuestra unidad y constituirse en instrumento útil para el cumplimiento de nuestra misión, elaboramos una base jurídica y operacional para este organismo. Es nuestro anhelo que en el proceso de formación en el cúal participarán las iglesias locales, el Espíritu Santo llame a las iglesias y organismos ecuménicos del continente a incorporarse al Consejo, que ha de ser expresión visible de nuestra unión.

El favor del Señor Jesús, Mesías, el Amor de Dios y la solidaridad del Espíritu Santo estén con todos ustedes.

Fraternalmente,

LOS DELEGADOS Y LA ASAMBLEA DE IGLESIAS DE AMERICA LATINA

VII

DESDE LA CAUTIVIDAD
Teología de la Liberación

Lo que hemos descrito en capítulos anteriores pudiera parecer como una situación de cautividad. Y lo es. "El clamor de mi pueblo" es el clamor de los cautivos. Sin embargo, este libro no intenta ser sombrío o negativo. "El clamor de mi pueblo" es un clamor de esperanza.

Desde la cautividad las iglesias cristianas están alcanzando nueva vida y nuevas dimensiones de misión. Desde la cautividad se está forjando una nueva forma de ser cristiano y un nuevo estilo de vida y espiritualidad. Y desde la cautividad ha nacido una nueva teología y una nueva forma de hacer teología: la teología de la liberación. La primera teología realmente latinoamericana que jamás haya existido.[1]

Cuando hablamos de "liberación" o de "teología de la liberación" algunos hermanos y hermanas cristianos se asustan. Inmediatamente vienen a sus mentes escenas de violencia y visiones de guerrillas y terrorismo, como le ocurrió a aquel artista a quien se le pidió ilustrar la cubierta de nuestro libro *Salvación es Liberación*. Naturalmente, no había leído el libro, que trataba de presentar a las iglesias en una forma estimulante y aceptable, las nuevas reflexiones de la misión de la iglesia surgidas de la Conferencia de Misión y Evangelización Mundial en Bangkok, 1973. ¡Simplemente relacionó en su mente las dos palabras "salvación" y "liberación" y dibujó un ángel con un fusil! Por supuesto, no había captado la idea central del libro.

A otros les atrae la palabra "liberación" y aceptan que venga con esa etiqueta. Aunque debemos reconocer que mediante el uso indiscriminado, promocional y superficial de la palabra, su significado resulta primero exagerado y finalmente pierde su auténtico valor.

Deberíamos empezar, entonces, por recordar que "liberación" es un concepto totalmente bíblico y fundamental. Ha sido recuperado a través de la experiencia actual de algunos cristianos latinoamericanos, desde la cautividad y en forma bíblica: se conoce al Dios liberador en la situación de cautiverio y a través de la experiencia histórica de la opresión.

Liberación: Un concepto bíblico

Como un hilo dorado el tema de la liberación pasa a través de toda la Biblia, desde el Exodo hasta la cruz y la Resurrección; desde la Pascua Judía hasta la Pascua Cristiana; desde la liberación histórica ocurrida en la vida de Israel a la liberación personal y comunitaria de la comunidad cristiana; desde el gemir de la creación hasta la liberación escatológica del Reino de Dios. El nombre de Jesús es el nombre del Liberador: Yoshua, Josué, que significa en hebreo, literalmente, "Dios libera".

Es un hecho, señalado por los eruditos bíblicos, que Israel conoció a Dios primero como *Liberador* en su historia, antes de reconocerle como *Creador* del universo. El Dios de Israel, el Dios del Exodo, es el Dios de la liberación, el Liberador de esclavos y oprimidos. Es el Dios de los profetas, el "Santo" de Isaías que consuela a los exilados y usa a Ciro el emperador como su siervo, que abre nuevas puertas y construye un camino para el retorno de los expatriados. Es el Dios Liberador de la Virgen María en el *Magnificat,* el Dios que:

Hizo proezas con su brazo,
esparció a los soberbios en el pensamiento de sus corazones,
quitó de los tronos a los poderosos,
y exaltó a los humildes.
A los hambrientos colmó de bienes,
y a los ricos envió vacíos. . . (Lucas 1:51-53).

Jesús mismo usa una promesa mesiánica de Isaías para presentarse a sí mismo como Liberador, ungido por Dios:

El Espíritu del Señor está sobre mí,
por cuanto me ha ungido para dar buenas nuevas a los pobres,
me ha enviado a sanar a los quebrantados de corazón,
a pregonar libertad a los cautivos,
y vista a los ciegos,
a *poner en libertad* a los oprimidos,
a predicar el año agradable del Señor (Lucas 4:18-19).

Después de una larga historia de espiritualización de estas palabras del evangelio, algunos eruditos e intérpretes están empezando a sacar a la superficie la cualidad explosiva de este pasaje.[2] Este pasaje se origina en el contexto de la proclamación del año del Jubileo, que requería una restructuración periódica de la sociedad, la devolución de la tierra a las familias despojadas, la emancipación de los esclavos y la anulación de las deudas (Exodo 23:10-11; Levítico 25; Deuteronomio 15:18; Isaías 61:1; Jeremías 34:8; 34:13-17; Ezequiel 46:17).

La palabra liberación corresponde al lenguaje de la salvación, tanto en el Antiguo Testamento como en el Nuevo Testamento. Otras palabras relacionadas son *redención y remisión,* ambas usadas para la emancipación de los esclavos y para la liberación interior del perdón de los pecados. *Salvación,* en el Antiguo Testamento, tiene el sentido de sacar de la prisión, lo que apunta hacia el concepto de liberación. Ahora bien, si Pablo usaba libremente la palabra "redención" y otras similares para anunciar la obra salvadora de Cristo, ¿es acaso impropio utilizar la palabra "liberación" hoy día para anunciar el evangelio completo de Jesucristo?

Pero la teología de la liberación en América Latina no surgió teoricamente de la meditación sobre el tema bíblico de la liberación. Resultó más bien de la experiencia de opresión y la reflexión bíblica en el contexto de "dependencia" y "dominación".

Teología desde la experiencia de opresión

James Cone, teólogo negro norteamericano, nos recuerda que la teología de la liberación es la teología de los oprimidos. Lo mismo se puede decir de cuàlquier teología de la liberación (negra, femenina, latinoamericana, sudafricana o cualquier otra). Era natural que los esclavos negros en América se sintieran identificados con la historia de los esclavos en Egipto y su liberación, y que su vida entera volviera una y otra vez a aquel énfasis fundamental (fundamental para la fe de Israel y también para los esclavos cristianos) en su culto, su predicación, y su canto: "Deja salir a mi Pueblo", "Baja Moisés", "¡Oh, Que Mañana!" Estaban proyectando su liberación hacia el futuro, al cruce del Jordán, al cielo, hacia un reino venidero donde no habría esclavos y donde los pobres y los oprimidos podrían caminar libremente, con ropas blancas, cantando gozosamente en la ciudad de Jerusalén. Todas esas imágenes bíblicas, dice Cone, no eran simplemente opio para los esclavos, sino que expresaban la convicción de los negros sobre su propia condición humana, la esperanza de que "en alguna parte", "de alguna manera", "algún día", se haría justicia, y ellos serían libres.[3] En la década de los sesenta los descendientes de los esclavos, conducidos por Martin Luther King, Jr. y otros, empezaron a exigir que esa justicia y libertad fuese real "ahora".

Muchos cristianos en América Latina captaron también este evangelio bíblico de liberación, y empezaron a darse cuenta de que, según la Biblia, esta liberación es algo que sucede en la historia. También compartían la esperanza de un mundo mejor "más justo y más humano" (una especie de sueño latinoamericano), pero empezaron a ver también que el Dios Liberador ya estaba actuando y caminando en la historia para liberar a su pueblo, y que ellos estaban llamados a unirse con Dios en las luchas por la liberación humana actual.

La teología de la liberación no fue producto de profesores de seminario trabajando desde sus escritorios, sino de la reflexión de cristianos comprometidos en luchas humanas. Fue resultado de una nueva manera de leer las Escrituras en una situación histórica especial. No fue un ejercicio intelectual sino una participación en la historia, o sea en la acción liberadora de Dios en la historia. La experiencia del Exodo llegó a ser la clave de una nueva percepción del Evangelio, como lo consideraron los obispos en la Conferencia de Medellín:

> Como Israel en los antiguos tiempos, el primer pueblo, experimentó la presencia salvadora de Dios cuando les hizo cruzar el Mar Rojo y les guió hasta la Tierra Prometida, así nosotros también hoy, el Nuevo Pueblo de Dios, no podemos sino sentir el paso, para cada uno de nosotros, de condiciones menos humanas a condiciones más humanas de vida.

Para la comunidad de fe, el Exodo llegó a ser no sólo recuerdo sino experiencia y esperanza. La Palabra se hizo carne. La lectura de la Biblia llegó a ser una relación dinámica entre el texto y el contexto. La Biblia y la realidad se fundieron una con otra. Como dice un teólogo laico colombiano: "Tenemos que ver América Latina con los ojos de la Biblia, y tenemos que leer la Biblia con los ojos de América Latina".

Fue durante la década de los sesenta, la "década del desarrollo", y después de la amarga desilusión con ese esquema, como se ha descrito en el capítulo III, cuando una vanguardia de cristianos empezó a pensar, hablar y actuar en términos de "liberación". La Conferencia de Medellín dio el empuje inicial a esta nueva reflexión teológica y a esta nueva forma de leer las Escrituras:

> Es Dios mismo quien, en la plenitud del tiempo, envía a su Hijo, en forma humana, para venir a liberar a todos los hombres de todas las cautividades del pecado, la ignorancia, el hambre, la miseria y la opresión, en una palabra, la injusticia y el odio originados en el egoísmo humano.

Las semillas de la nueva teología ya estaban presentes. El concepto bíblico de la liberación había sido recuperado para la proclamación del Evangelio, para la tarea histórica de una generación cristiana y para una reflexión teológica. Medellín llegó a ser el punto de llegada después de un largo proceso de búsqueda y lucha de cristianos preocupados, y el punto de partida de una generación esperanzada. Oigamos a uno de los teólogos principales y más influyentes de esta nueva corriente testificar acerca de la experiencia de su generación: Gustavo Gutiérrez, un sacerdote jesuita del Perú.

El itinerario de una generación cristiana

Gustavo Gutiérrez describe lo que llama "el itinerario de una generación cristiana" que llevó al descubrimiento y al surgimiento de una nueva forma de hacer teología:

1. Comenzamos, dice, en la etapa de la *inconciencia* y la *indiferencia* política. Nosotros los cristianos teníamos un concepto dualista del mundo, dividido en la esfera religiosa y la esfera secular. Este mundo era solamente el escenario para el próximo, esta vida era solamente un ensayo de la vida por venir. De esta manera la religión y la iglesia eran el acompañamiento espiritual del *status quo*.

2. Entonces, pasamos a una etapa de *conciencia* de la existencia de problemas sociales: pobreza, desnutrición, analfabetismo, marginalidad e injusticia. En esta etapa tratamos de aplicar algunos principios cristianos ("humanismo cristiano") a través de programas de desarrollo o a través de partidos políticos de inspiración cristiana.

3. Luego, esta generación se dió cuenta de las limitaciones de un enfoque reformista y entró en un *proceso acelerado de radicalización,* yendo hacia una posición revolucionaria. Fuimos más allá de nuestras primeras descripciones impresionistas de los males de la sociedad, hacia un análisis más profundo y estructural llegando a las raíces económicas y sociales de nuestros problemas y sus ramificaciones. Aquí vimos que la violencia, opresión y represión eran parte constitutiva del sistema. Esta nueva comprensión coincidió con los movimientos revolucionaria de la década de los sesenta en América Latina que intentaban cambiar el sistema.

4. En este punto, tuvo lugar "el acontecimiento mayor de nuestra generación": *el descubrimiento del mundo del "otro",* es decir, el prójimo, *el prójimo cercano* y el

prójimo lejano en clases, razas y naciones oprimidas. Y con este descubrimiento del mundo *del otro* vino la opción por el pobre, en quien Cristo nos espera.

Esto es, como vimos en el capítulo I, lo que Gutiérrez considera *una verdadera conversión evangélica: A Cristo en el prójimo.* De aquí en adelante, dice el teólogo peruano, surge una nueva forma de ser cristiano, un nuevo estilo de vida y una nueva forma de hacer teología.[4]

El hombre en el camino

Sergio Torres, sacerdote chileno exiliado en los Estados Unidos, nos cuenta la misma historia de modo diferente. Comenzando con la parábola del Buen Samaritano, dice: Había—y hay—un hombre en el camino. Multiplicado por millones en América Latina hay quienes están como él en el camino: golpeados, despojados y medio muertos. Y nosotros, como cristianos, queríamos cumplir el mandamiento de nuestro Señor "ve y haz tú lo mismo". Entonces tratamos de ayudar al hombre en el camino.

Primero, comenzamos con programas de ayuda directa al necesitado: alimentarlo, encontrarle trabajo, ayudar a sus niños a entrar en la escuela y así sucesivamente.

Luego descubrimos que esto no era suficiente, necesitábamos programas más estructurados y científicos. Fue la época de los "programas de desarrollo" auspiciados por agencias e iglesias europeas y norteamericanas. Trajimos expertos, modelos y estudios, proyectos de viviendas, educación, desarrollo rural, cooperativas, etc.

Luego vino el enfoque de la "concientización": no era cuestión de proveer servicios para la gente sino de ayudarles a que se ayudaran ellos mismos, estimulando la concientización, ayudándoles a organizarse y a producir su propia "revolución cultural".

Entonces nos dimos cuenta de que teníamos que tratar con estructuras sociales, políticas y económicas y de que "la concientización" del pueblo no era suficiente. Descubrimos que la pobreza no era un hecho inevitable o una casualidad, sino producto de nuestra sociedad, que permite que haya ricos y pobres al mismo tiempo. Esas estructuras favorecen a las oligarquías nacionales y a los poderes económicos y financieros internacionales. Entonces tuvimos que entrar en un *análisis* social y económico, usando los métodos científicos e ideológicos disponibles y unirnos a la lucha común para cambiar esas estructuras.

Finalmente, dejamos atrás la ideología desarrollista y llegamos al concepto de liberación. Descubrimos que éste ya estaba en la Biblia y comenzamos a hacer nuestra reflexión sobre la Palabra liberadora de Dios desde el contexto de nuestra cautividad. Para ayudar al hombre en el camino teníamos que comprometernos en la lucha por la liberación para cambiar la sociedad, y hacerlo desde el punto de vista de nuestra fe cristiana, creyendo en un Dios Liberador que obra en la historia.

Teólogos protestantes

Como hemos visto en el capítulo anterior, los protestantes han seguido un itinerario paralelo en su descubrimiento de la sociedad y su búsqueda de una teología encarnacional. La teóloga argentina Beatriz Melano Couch, al describir la evolución de la teología protestante en América Latina, señala tres etapas:

1. *La crisis del liberalismo* en la década de los cincuenta: "el evangelio social y los ideales de democracia y libertad personal llegaron a ser inadecuados para hacer frente a estructuras injustas y opresivas en nuestro continente".

2. *El despertar de una conciencia reflexiva* en la década de los sesenta: "una nueva especie de conciencia social, un esfuerzo para superar el individualismo pietista y el énfasis exclusivo en el más allá, heredado del *avivamiento,* mediante una teología del desarrollo orientado ecuménicamente, pero incapaz todavía de entender la situación real de dependencia en que se encuentra Latinoamérica".

3. *El compromiso creativo con el cambio* en la década de los setenta, una teología "nacida en el camino", con cierto sentimiento de euforia y la visión de un "socialismo humanista" para América Latina. Fue una época de esperanza de liberación y el surgimiento de un "nuevo hombre y una nueva sociedad".[5]

Rubem Alves, teólogo presbiteriano del Brasil, fue el "profeta" de la teología de la liberación con su libro *A Theology of Human Hope.*[6] Era su disertación doctoral, un diálogo con los filósofos y teólogos contemporáneos, pero, al mismo tiempo, Alves intentaba expresar en lenguaje teológico, la voz de los pobres y oprimidos, tanto del Tercer Mundo como del Primer Mundo (los negros, los pobres, los jóvenes). Rechaza la teología de Bultmann, Barth y Moltmann, en la medida en que estos grandes teólogos contemporáneos no toman suficientemente en serio el mundo, la historia y la acción humana. La humanidad tiene una vocación para la libertad—piensa Alves—y es movida por la esperanza; por este motivo los cristianos deben comprometerse en la lucha de liberación contra las fuerzas culturales, políticas y tecnológicas que mantienen cautiva a la historia.

Teología del exodo y . . . del exilio

En el comiezo de la década de los setenta Rubem Alves estaba elaborando una teología del Exodo. Para él, el Exodo no era simplemente un episodio del pasado sino el centro estructural de la fe bíblica, "un paradigma para la interpretación de otras situaciones históricas". El ser humano es *homo viator,* el peregrino, el inmigrante, y el Exodo representa la posibilidad de romper con el pasado, de salir del cautiverio, del sufrimiento y de la opresión. Exodo significa salida, emigración. Emigrar significa salir de una organización social que ha agotado sus posibilidades, que se ha vuelto represiva y sin esperanza, hacia una sociedad diferente basada en la libertad, porque "sin libertad la vida no es vida". Pero este Exodo, esta salida o migración, no es programada por la organización social dominante. Exige decisión, imaginación y acción.

El próximo libro de Alves aparece en el contexto de la situación de cautiverio. La euforia de los primeros años se había disipado. Los movimientos políticos de liberación habían sido aplastados. La represión predominaba. También fue escrito en inglés con el título sugestivo de *Tomorrow's Child* (Hijos del mañana, en español). No es todavía el tiempo de la liberación. (Alves fue uno de los primeros teólogos en darse cuenta de este hecho). Es el tiempo de esperar el hijo del mañana. ¿Cuál es la base de nuestra esperanza actual? ¿Cuál es el significado del cautiverio? ¿Qué podemos hacer por la liberación desde nuestra situación de opresión? La respuesta de Alves es que sólo tenemos el acto creador de Dios (en el pasado) como fundamento de nuestra esperanza, como en la oración de Habacuc (3:17). La opresión y la represión no tienen la última palabra. La historia está preñada de posibilidades. Pero no es todavía el tiempo de dar a luz. El cautiverio y el exilio pueden ser largos, pero mientras tanto, tenemos una tarea como Jeremías dijo a los cautivos de Babilonia (capítulo 29). Está la tarea política de sembrar, de concebir el nuevo futuro. Es el tiempo de encarnar ese futuro en la comunidad de fe. Solamente los oprimidos pueden ser creadores porque ellos tienen la voluntad de cambiar el poder y la inercia de la opresión. La Biblia nos dice que la tarea de los cautivos (como en los exiliados del Antiguo Testamento y en la surgiente iglesia cristiana en el Nuevo Testamento) ¡es la de crear una contra-cultura! Y haciendo esto, viviendo en esperanza de la liberación venidera, podemos amar y podemos celebrar. Tenemos ya los anticipos, el *aperitivo* del Reino y podemos sentir en el vientre los movimientos del "hijo del mañana".

El otro escritor protestante que domina la década, junto con Alves, es el teólogo metodista argentino, José Míguez Bonino, quien fuera observador del Concilio Vaticano II y uno de los presidentes del Consejo Mundial de Iglesias. Mientras que Alves se orienta más hacia la filosofía, Míguez Bonino se orienta hacia la ética. Su tema es el Reino y su motivo dominante es el amor, el amor encarnado y mediado en la historia a través de la solidaridad humana y comprometido con los oprimidos. José Míguez Bonino ha sido por muchos años un crítico comprometido, que participa desde adentro de la iglesia y de los movimientos ecuménicos. Sus libros y artículos muestran un sólido fundamento bíblico y teológico. El Dr. Míguez es igualmente respetado y aceptado por teólogos protestantes, católicos y evangélicos radicales, aunque su opción por la teología de la liberación y por un proyecto socialista para América Latina son perfectamente conocidos. Su última obra, *Christians and Marxists: The Mutual Challenge to Revolution** es "probablemente la confrontación más clara y más cabal entre la ideología marxista y la fe cristiana que se haya producido hasta ahora", según Beatriz Melano Couch.

Teología desde la praxis: ¿Y, eso qué es?

En este punto ya deberíamos estar dispuestos a hacernos una pregunta sobre el significado de *teología* y de *liberación*. Gustavo Gutiérrez, el exponente más sistemático de esta forma de teología, define la teología "como la reflexión crítica sobre la praxis liberadora de los cristianos".

¿Y qué es *praxis?* Es una palabra griega que significa *práctica.* Pero, en la discusión filosófica e ideológica contemporánea, significa una interacción dinámica entre teoría y práctica, entre acción y reflexión. La teoría tiene que ser probada por la práctica, la práctica tiene que ser corregida por la teoría. El conocimiento no viene meramente por el ejercicio intelectual, sino de la experiencia a partir del compromiso. Esto es, después de todo, lo que la Biblia dice acerca de la verdad y de la fe. La verdad no sólo es aprehendida intelectualmente, como creían los griegos, sino que la *verdad se hace.* "Conocer a Dios", de acuerdo con los profetas, es hacer justicia, tener misericordia, hacer Su voluntad (Jeremías 22:13-16; 9:23; Oseas 4:1-6; 6:6). Jesús no invitó a la gente a creer ciertas doctrinas o a aceptar ciertas ideas, sino a

---

*Bonino, José Míguez; *Christians and Marxists: The Mutual Challenge to Revolution.* Londres; Hodder & Stoughton, 1976.

seguirle. "Aquellos que quieran *hacer* la voluntad de mi Padre, *conocerán* si mi doctrina viene de Dios. La verdad se hace, la verdad se conoce en el camino, a través de la obediencia comprometida. Esto es *praxis* cristiana. Jesús resume el punto en una forma sorprendente en la versión de Juan: "Esta es la condenación: que la luz vino al mundo, y los hombres amaron más las tinieblas que la luz, porque sus obras (griego: *praxis*) eran malas." Entonces, de acuerdo a nuestra *praxis* será nuestra fe, nuestro conocimiento, nuestra relación con Cristo. Por esto es que los teólogos de la liberación dicen que deberíamos preocuparnos no tanto con la *ortodoxia* (creencia correcta) como con la *ortopraxis* (reflexión/acción correcta).

Como hemos visto en capítulos anteriores, miles de cristianos han estado comprometidos durante los últimos años, tratando de hacer la voluntad de Dios en la situación de opresión, latinoamericana uniéndose con otros a diversos niveles en lucha por la liberación humana. Los actos liberadores son lo primero y lo más importante. La teología de la liberación viene como "un segundo momento", como la "reflexión crítica sobre la *praxis* liberadora de los cristianos". Pero como dice Gustavo Gutiérrez, "mil pensamientos sobre la liberación no valen lo que un sólo acto liberador".

¿Qué es entonces la liberación?

En el segundo capítulo de su *Teología de la Liberación* Gustavo Gutiérrez describe el proceso de liberación tal como él lo entiende, en tres niveles y enfoques interrelacionados:

1. En primer lugar, *liberación* expresa las *aspiraciones de los pueblos y clases oprimidas,* enfatizando el aspecto conflictivo del proceso económico, social y político que los pone en conflicto con las naciones ricas y las clases opresoras.

2. En un nivel más profundo, *liberación* se puede aplicar a una *comprensión de la historia.* El hombre es visto como asumiendo conscientemente la responsabilidad por su propio destino. En esta perspectiva el desarrollo de todas las dimensiones humanas se exige: un hombre que se hace a sí mismo a través de la historia. La conquista gradual de la verdadera libertad conduce hacia la creación de un nuevo hombre y de una sociedad cualitativamente diferentes.

3. Finalmente. . . la palabra *liberación* nos lleva a otro enfoque que se origina en las fuentes bíblicas. . . En la

Biblia, Cristo es presentado como aquél que nos trae liberación. Cristo el Salvador *libera al hombre del pecado,* que es la raíz última de la ruptura de toda amistad y de toda injusticia y opresión. Cristo hace al hombre verdaderamente libre, es decir lo capacita para vivir en comunión con El, y ésta es la base de toda fraternidad humana.

1) Miremos el primer nivel. La liberación comienza como una *aspiración* humana y toma forma en las `luchas` de los pueblos oprimidos contra lo que les oprime. En la situación latinoamericana es la lucha por la justicia económica, social y política. Fácilmente podemos deducir que en otras situaciones puede ser la lucha contra la opresión racial, sexual, espiritual o cultural. La dolorosa experiencia de las dos últimas décadas en América Latina ha mostrado a muchos economistas, sociólogos, políticos y cristianos conscientes que el hecho básico es *la dependencia y la dominación.* Los cristianos comparten con otros seres humanos la situación de opresión y dependencia, comparten las aspiraciones por la liberación, y un número creciente de cristianos comparten el análisis y la teoría arriba mencionados y el consiguiente compromiso en las luchas por la liberación humana.

Naturalmente, estas aspiraciones y luchas no son exclusivas del Tercer Mundo o de América Latina. Como dice Gutiérrez:

Lo que está en juego en el Sur como en el Norte, en el Occidente como en el Oriente, en la periferia como en el centro, es la posibilidad de disfrutar de una existencia verdaderamente humana, una vida libre, una libertad dinámica que se relaciona a la historia como una conquista.

Prueba de esto es la consciencia de nuevas formas sutiles de opresión en el corazón de las sociedades industriales avanzadas, que a menudo se ofrecen a sí mismas como modelo para los países subdesarrollados. En ellas, la subversión no aparece como una protesta contra la pobreza, sino más bien contra la riqueza.

Los movimientos que buscan un estilo más simple de vida ("lo pequeño es bello") y las diversas corrientes de "discipulado radical" en Norteamérica, son buenos ejemplos de esta protesta contra la riqueza y el consumismo y de la búsqueda de una liberación humana y de una mejor "calidad de vida".

2) En el segundo nivel la liberación aparece como un *proceso histórico de humanización.* Repasando la historia de los últimos cuatro

siglos, lo que surge es el cuadro de "una concepción dinámica e histórica del hombre, orientada definitiva y creativamente hacia su futuro", "haciéndose cargo de la evolución". Aunque Gutiérrez advierte que tenemos que considerar críticamente este desarrollo de ideas, sostiene que "la historia avanza inexorablemente" y demuestra que los logros de la humanidad son acumulativos. . . para ir adquiriendo una plenitud más completa del individuo en solidaridad con todo la humanidad. En este proceso el ser humano no busca solamente "la liberación de las presiones *exteriores* que le impiden la plenitud como miembro de una cierta clase social, país o sociedad, sino que busca una liberación *interior,* en una dimensión individual e íntima". Busca la liberación no sólo en el plano social sino también en el sicológico. La liberación, para Gutiérrez, es multidimensional y es proceso continuo. La visión es nada menos que la de una nueva humanidad en una nueva sociedad:

> La meta no es solamente mejores condiciones de vida, el cambio radical de estructuras y la revolución social; es mucho más: la creación continua, interminable, de una nueva forma de ser humano, una revolución cultural permanente.

Esto naturalmente nos lleva al tercer nivel de la liberación.

3) La liberación del tercer nivel es la *liberación del pecado.* Esta es la "liberación radical" porque el pecado es la raíz de todas las opresiones, tanto en sus dimensiones individuales como sociales.

Hablando positivamente, esta liberación radical es el *don* que Cristo nos ofrece: comunión con Dios y comunión con los demás.

Esta liberación es final y como tal tiene que ser escatológica. Y, sin embargo, tiene que suceder en la historia. Aunque es un don, es también acción humana. Un nivel de liberación no puede ocurrir sin los otros, insiste Gutiérrez; es un solo proceso salvífico a tres niveles.

Siguiendo el razonamiento de Gutiérrez en otros capítulos de su denso libro, se hace claro que el primer nivel corresponde a *la acción* (particularmente la acción política, donde rige la racionalidad, donde los cristianos trabajan con las mismas herramientas que los no-cristianos en la sociedad); el segundo nivel es el nivel de *la utopía,* (un nivel intermedio entre la fe y la acción); y el tercer nivel, es el nivel de *la fe,* el nivel de la teología.

En este punto debe estar claro para todos nosotros que lo que Gutiérrez llama liberación no es otra cosa que la salvación.

Salvación en la historia

El teólogo peruano define la salvación simplemente como "la

comunión de la gente con Dios y de la gente entre sí". Ser salvo es estar abierto hacia Dios y hacia los demás. La verdadera liberación—o salvación—significa ser liberado *de* las opresiones y *para* los otros. Somos liberados para amar. Esta es la forma de entender la afirmación de Pablo: "Para libertad Cristo nos ha hecho libres" (Gálatas 5:1). Pasemos entonces de la liberación a la libertad, de la libertad a la comunión.

La libertad a la cual somos llamados presupone el salir de nosotros mismos, el derribar nuestro egoísmo y todas las estructuras que apoyan nuestro egoísmo; el fundamento de esta libertad es la apertura hacia los demás.

Del mismo modo, "pecar es rehusar amar a nuestro prójimo, y por consiguiente al Señor mismo". Pecar es encerrarse en sí mismo, la negación o la destrucción de una verdadera comunidad humana en Dios.

Pero tanto el pecado como la salvación son "realidades intrahistóricas"; ocurren en la historia. El pecado, por ejemplo:

es considerado como un hecho histórico, social, la ausencia de fraternidad y amor en las relaciones entre los hombres, la ruptura de la amistad con Dios y con los hombres, y por lo tanto una fractura interior, personal. . . El pecado es evidente en las estructuras opresoras, en la explotación del hombre por el hombre, en la dominación y esclavitud de los pueblos, razas y clases sociales. El pecado aparece, por lo tanto, como la alienación fundamental, la raíz de una situación de injusticia y explotación.

La salvación obra en la historia, desde el principio mismo, en la creación—"el primer acto salvífico". El Exodo es el paradigma de una salvación, una liberación que obra en la historia incluyendo una liberación política, pero abierta escatalógicamente a una liberación total en una fraternidad humana, en comunión con Dios. Dios hizo un Pacto con Israel y un Nuevo Pacto en Jesucristo, ambos en la historia y con el propósito de transformar la historia. La promesa de Dios va cumpliéndose a través de la historia. La salvación de Dios "orienta, transforma y guía la historia hacia su plenitud". Dios quiere encontrar al ser humano en la historia, y, según la historia bíblica, cada ser humano llega a ser templo de Dios. Cada prójimo se convierte en el lugar de encuentro con Dios y Cristo.

El centro de este proceso salvífico en la historia es Jesucristo, el Señor de la historia, el Liberador. Cristo asumió irrevocablemente la

"¿De dónde vendrá la esperanza?" por Solón.

condición humana en la encarnación, e "irrevocablemente se comprometió con la historia humana". "Por su muerte y resurrección redime al hombre del pecado y todas sus consecuencias". Cristo está caminando y obrando en la historia, orientando, transformando y guiando el proceso hacia su plenitud.

Hay solamente *una historia:* "la historia de la salvación es el corazón mismo de la historia humana, pero no aparte de ella". Hay un solo llamado, una vocación, y una convocación a todos los seres humanos: "comunión con Dios por medio de la gracia". "No hay nadie que no haya sido invitado a la comunión con el Señor, ninguno que no sea afectado por la gracia". En realidad la gracia está presente—sea aceptada o rechazada—en todos los hombres y mujeres. Por esta razón "ya no podemos hablar de un mundo profano". Aceptamos o rechazamos la salvación de Dios a través de lo que hacemos en relación con la liberación humana. "La existencia humana, después de todo, es nada más que un si o un no al Señor".

Espiritualidad cristiana

Está claro que para Gutiérrez, cristianos y no-cristianos participan en este proceso salvífico, liberador, en la historia. Pero los cristianos lo están haciendo llevados por su fe y su compromiso con Cristo. La existencia del cristiano llega a ser una pascua, un compartir con Cristo en su cruz y resurrección. Este es el corazón de la espiritualidad cristiana de liberación. Esto significa que enfrentamos el carácter conflictivo de la historia y nos unimos a aquellos con quien Cristo se identificó. Hay un "núcleo pascual en la existencia cristiana y en toda vida humana: el paso del hombre viejo al hombre nuevo, del pecado a la gracia, de la esclavitud a la libertad".

Esta *espiritualidad pascual* es hoy uno de los rasgos más desafiantes de muchos cristianos en América Latina, comprometidos en las luchas por la liberación humana, de acuerdo a su vocación particular y en las situaciones más diversas. Algunos de ellos trabajan en cooperativas en las áreas rurales; otros dirigen "comunidades de base", centrados en la Biblia y en la situación en que la gente vive; algunos de ellos son "la voz de los-sin-voz", defendiendo los derechos humanos de los trabajadores de las ciudades, de los campesinos expulsados de sus tierras, o de los estudiantes en prisión. Algunos de estos cristianos están apoyando las luchas por la dignidad humana y la liberación por medio de las estructuras de la iglesia, mediante declaraciones oficiales y denuncias, por medio de la defensa pública o privada, o a través de serios análisis de la situación social y exploración de alternativas. Algunos otros se comprometen personalmente como líderes o como simples miembros en toda clase de movimientos. Algunos, incluso, participan en movimientos revolucionarios, tratando de provocar un cambio por medio de la acción guerrillera. Tanto los pacíficos como aquellos que aceptan la violencia como última opción, están arriesgando sus vidas en el compromiso para la liberación humana.

Para esos cristianos, liberación no es algo que buscan para sí mismos, sino para todos. Su liberación vendrá con la liberación de todos. Ellos han sido liberados—en su nueva comprensión de la fe—para darse a sí mismos y participar en las luchas a pesar de todas las ambigüedades del proceso histórico. Su liberación tiene más de crucifixión que de resurrección. Pero están movidos por "el poder de lá resurrección," la única base de esperanza de "un cielo nuevo y una tierra nueva", una persona nueva y una sociedad nueva. Ellos saben que no hay planos, ni esquemas ni mapas. No hay resurrección sin crucifixión. Pero hay una promesa del Resucitado: "Iré delante de vosotros. . . donde haya dos o tres que se reúnen en mi nombre, allí estaré. . . Yo estoy con vosotros hasta el fin del mundo".

"Mi vida por mis amigos"

Permítanos compartir con ustedes parte de la historia de uno de estos cristianos: un joven estudiante universitario boliviano que se comprometió con un movimiento de guerrilla en su país: Néstor Paz Zamora.

Néstor pertenecía a una antigua y adinerada familia católica de Bolivia. Su padre era general del ejército boliviano y había ocupado puestos muy importantes en el gobierno. Néstor estudió en un colegio jesuíta y fue a Chile para entrar en un seminario. Posteriormente decidió entrar en la Universidad de La Paz para estudiar medicina. Era activo en la iglesia y en la sociedad. Uno de sus trabajos fue enseñar religión en un colegio secundario. Se casó con una simpática joven perteneciente a una de las familias respetables de Bolivia, y juntos trabajaron entre los pobres, mientras vivían en una sencilla casa que ellos mismos hicieran con adobes. Néstor también era activo en política, como miembro del Partido Demócrata-Cristiano y en la política universitaria. (En América Latina las universidades eran verdaderas escuelas de política y una fuerza en la línea frontal de las luchas sociales). Fue influído por el Ché Guevara, el líder guerrillero argentino/cubano, y por Camilo Torres, el sacerdote colombiano que se unió a la guerrilla y murió en el primer encuentro. Néstor era primero que nada, un cristiano comprometido, un lector ávido de los profetas y del Nuevo Testamento. Asimilaba con interés las nuevas ideas procedentes de los círculos cristianos comprometidos en luchas sociales guiados por sacerdotes progresistas. El concepto de liberación ya estaba incorporado en su pensamiento, en su estilo de vida, en sus discusiones y acciones, incluso antes de que el primer libro sobre teología de la liberación se hubiera escrito.

Un día, dos años después de la muerte del Ché Guevara en el primer movimiento guerrillero en Bolivia, Néstor y otros 50 universitarios como él, decidieron ir a las montañas y comenzar un nuevo movimiento guerrillero. En su proclamación dijo:

"No hay amor más grande que éste, que un hombre dé su vida por sus amigos". Este es el mandamiento que resume la "ley".

Por esto tomamos la armas: para defender a la mayoría analfabeta y desnutrida de la explotación de la minoría, y para devolverle su dignidad a la persona deshumanizada.

Sabemos que la violencia es dolorosa, porque sentimos en nuestra carne propia la represión violenta del desorden establecido. Pero estamos determinados a liberar al hombre porque le consideramos como un *hermano*. Nosotros somos el pueblo en armas. . .

Hemos escogido este método porque es el único abierto a nosotros, por más doloroso que sea.

Después de citar frases de Camilo Torres sobre "el amor eficaz" y "la revolución", Néstor Paz sigue:

Yo pienso que el único medio eficaz de proteger al pobre contra la explotación presente es tomando las armas. Yo creo que la lucha por la liberación tiene su base en la línea profética de la historia de la salvación.[7]

Así, pues, los conceptos básicos de la teología de la liberación están contenidos aquí en la proclamación de un joven estudiante de poco más de veinte años. Su diario y sus cartas a Dios y a su joven esposa, son testimonio conmovedor de su profunda espiritualidad, que Gutiérrez llamaría espiritualidad de liberación. Escribe tiernas cartas a su esposa en su pequeño diario, añorando la presencia de ella, soñando con tener un hijo propio, compartiendo con ella las experiencias de la columna en la selva, celebrando el hallazgo de un Nuevo Testamento. Recordaba también la familia, los cumpleaños, las comidas que tenían juntos, añorando los sencillos platos favoritos mientras comía raíces o pequeñas porciones de comida enlatada.

Terminaremos con esta carta de Nestor a Dios, escrita pocos días antes de su muerte:

Mi querido Señor:

Te voy a escribir después de mucho tiempo. Hoy me siento en verdad necesitado de Tí y de tu presencia, quizá sea la cercanía de la muerte, o el relativo fracaso de la lucha. Tú sabes que he buscado siempre por todos los medios serte fiel. Consecuente con mi ser. Por eso hoy estoy aquí. El amor lo entiendo como una urgencia de solucionar el problema "del otro," donde estás tú.

Dejé lo que tuve y me vine. Hoy quizás es mi jueves y esta noche mi viernes santo. Entrego enteramente en tus manos lo que soy, con una confianza sin límites, porque te amo. Lo que me duele es quizás dejar lo que más quiero, a Cecy y mi familia, y quizás no poder palpar el triunfo del pueblo, su liberación.

Somos un grupo lleno de plenitud humana, "cristiana", y eso yo creo basta para empujar la historia. Esto me reconforta. Te amo y te entrego lo que soy y lo que somos, sin medida, porque eres mi Padre. Ninguna muerte es inútil si la vida ha estado cargada de significado y eso creo que es válido aquí con nosotros.

Chau, Señor, quizás hasta tu cielo, esa tierra nueva que tanto ansiamos.

Néstor Paz Zamora estaba preocupado de que él tal vez no estaría presente para participar en la liberación del pueblo. No lo estuvo. Murió de inanición a mediodía el 8 de octubre de 1970. La lucha por la liberación en su tierra aún tiene un largo camino por recorrer.

¿Tenía razón? ¿Estaba equivocado? El movimiento guerrillero fue un fracaso. Los más fueron masacrados. Algunos, como Néstor, murieron de inanición. Unos pocos recibieron el beneficio de una amnistía tardía y volaron a Chile. Nadie sabe donde están ahora. Algunos dirían que la estrategia de la guerrilla fue un error. Algunos dirían que la violencia no es cristiana ni evangélica. Algunos dirían que Néstor y sus amigos eran idealistas desorientados, llevados por una ilusión. Otros en fin, pueden pensar que eran suicidas. Tal vez todo eso sea verdad, o tal vez no. Dios tiene la última palabra.

Nos parece que Néstor tenía razón en lo único que importa: que el centro de la fe cristiana es el amor. El amor entendido como compromiso por la liberación humana, entrando en la vida del "otro" y trabajando juntos por el Reino de Dios, de amor y amistad humana. Sea que estuviera en lo cierto o equivocado en su última opción específica, creemos que él había encontrado el secreto de la vida y de la muerte cristiana, como lo expresó por escrito: "Ninguna muerte es inútil si la vida ha estado cargada de significado".

Su corta vida estuvo completamente llena de significado, como una flecha lanzada desde la liberación a la comunión en el amor. Su poema final se titula: "Amor es morir por los amigos". Y él vivió y murió consecuentemente.

El clamor final de Néstor Paz, muriendo en la selva, es también parte del "clamor de mi pueblo". Es un clamor de amor, de solidaridad y de compromiso por la liberación humana hecho en el nombre de Cristo.

¿Nos uniremos a esta pascua cristiana? Nada menos que esto, sufrir, morir, y resucitar con Cristo en el prójimo, es necesario si hemos de tomar en serio el llamado a la concientización, la identificación y la acción responsable.

Citas

Prólogo
[1] Illusion and Reality in Inter-American Relations, Iglesia Presbiteriana Unida en los Estados Unidos, Filadelfia, 1969. *Latinoamérica y la División Mundial,* Junta de Misiones Globales de la Iglesia Metodista Unida, Buenos Aires, Methopress, s/f.
[2] Obispos Católicos del Noreste de Brasil, *He oído el clamor de mi pueblo,* New York, IDOC—North America, No. 54, Verano 1973.

Capítulo Uno
[1] Gustavo Gutiérrez, *Teología de la Liberación,* Lima, 1961.
[2] Severino Croatto, "La religiosidad popular: un intento de problematización," *Cristianismo y Sociedad,* Buenos Aires, Tierra Nueva, abril 1976, pág. 42.
[3] José Miguez-Bonino, *Doing Theology in a Revolutionary Situation,* Philadelphia, Fortress Press, 1975, págs. 4-18.
[4] William R. Read, Victor M. Monterroso, Herman A. Johnson, *Latin American Church Growth,* Grand Rapids, William B. Eerdmans Publishing Co., 1969, págs. 27-35.
[5] Christian Lalive d' Epinay, *El Refugio de las Masas,* Santiago, Chile, Ed. Pacifico, 1968.
[6] Germán Arciniegas, *Latin America—A Cultural History,* New York, Alfred A. Knopf, 1968, pág. 17ff.
[7] Lewis Hanke, *South America,* Princeton, New Jersey, Anwil, 1959, pág. 9.
[8] P. Bigo, *The Church & Third World Revolution,* Maryknoll, New York, Orbis Books, 1978.
[9] Emile G. Leonard, *O Protestantismo Brasileño,* São Paulo, ASTE, 1963, pág. 747.
[10] Federico Debuyst, *La Población en América Latina,* Madrid, Feros, 1961, pág. 317.
[11] John J. Johnson, "The Emergence of the Middle Sectors," *Latin American Politics,* Robert O. Tomasek, ed. Garden City, New York, Doubleday, 1966, págs. 169-196.

Capítulo Dos
[1] John M. Crewdson, "Border Region Is Almost A Country Unto Itself, Neither Mexican nor American," *The New York Times,* 14 febrero 1979, pág. A22.
[2] Karl M. Schmitt, *México and the United States, 1821-1973,* New York, John Wiley and Sons, Inc., 1974.
[3] Carey McWilliams, *North from Mexico,* New York, Greenwood Press, 1968, Caps. VI-IX, págs. 98-205.
[4] E. J. Williams, "Oil in Mexico-United States Relations: A Contextual Analysis And Bargaining Scenario," Tucson, Arizona, University of Arizona, ed. mimeografiada, copyright 1977, pág. 10.
[5] John Ehrlichmann, "Mexican Aliens Aren't a Problem . . . They're a Solution," *Esquire,* agosto, 1978, págs. 54-64.

⁶ Jorge Prieto, "The Challenge of the U.S.-Mexico Border," *The Christian Century,* 27 diciembre 1978, págs. 1258-62.
⁷ Gregory Bergman, "Human Rights Fenced Out," *The Christian Century,* 27 diciembre 1978, págs. 1265-67.
⁸ David McCullough, *The Path Between the Seas,* New York, Simon and Schuster, Inc., 1977, pág. 250.
⁹ McCullough, pág. 121.
¹⁰ McCullough, pág. 341.
¹¹ McCullough, pág. 385 ss.
¹² McCullough, pág. 392, 397.
¹³ David Perkins, *Hands Off—A History of the Monroe Doctrine,* Boston, Little, Brown and Co., 1941.
¹⁴ Herbert L. Matthews, ed. *The United States and Latin America,* Englewood Cliffs, New Jersey, Prentice Hall, 1964, pág. 124 s.; Michael Elmer, en Edward L. Cleary, *Shaping a New World—An Orientation to Latin America,* Maryknoll, New York, Orbis Books, 1970, pág 220 ss.
¹⁵ Cleary, pág. 221 ss.
¹⁶ Matthews, pag. 221 ss.; Wade Crawford Barclay, *The Great Good Neighbor Policy,* Chicago—New York, Willet, Clark Co., 1945, pág. 2.
¹⁷ Irving L. Horowitz, Josué de Castro, John Gerassi, eds., *Latin American Radicalism,* New York, Vintage Books, 1969, págs. 63-68.

Capítulo Tres
¹ Gary McEoin, *Revolution Next Door,* New York, Holt, Rinehart & Winston, 1971, pág. 1.
² Richard R. Fagen, "Studying Latin American Politics: Some Implications of a Dependence Approach," *Latin America Research Review,* Julio 1977, págs. 3-26.
³ Eduardo Galeano, *Las venas abiertas de América Latina,* Buenos Aires, Sigo XXI 1973, pág. 4.
⁴ Eduardo Galeano, pág. 92s.
⁵ Galeano, pág. 154.
⁶ Dr. Neftalí García, "Economía colonial de Puerto Rico en el siglo XX: notas preliminares," Hato Rey, Puerto Rico, Misión Industrial de Puerto Rico, mayo 1975, págs. 1-17.
⁷ Victor Sánchez-Cardona, Tomás Morales-Cardona y Pier Luigi Caldari, "La lucha de Puerto Rico," *Environment,* Vol. 17, No. 4, Junio 1975, págs. 35-40, Hato Rey, Puerto Rico; artículo sobre "Cómo Subdesarrollar una Isla."
⁸ Alvaro de Boer O. P., "La Iglesia Católica En Puerto Rico: Una Impresíon," edición mimeografiada, San Juan, Puerto Rico, 1978, pág. 15.
⁹ Obispos Católicos del Noreste de Brasil, *He oído el clamor de mi pueblo,* New York, IDOC—North America, No. 54, Verano 1973.
¹⁰ Theotonio dos Santos, "La crisis del milagro brasileño," Latin American Research Unit (LARU), Toronto, Canadá, abril 1977, pág. 13.
¹¹ Celso Furtado, "El modelo brasileño," *El Trimestre Económico,* Vol. XL (3), julio-setiembre de 1973, No. 159; Estrageia No. 27, marzo-abril de 1974, Buenos Aires; *Cuadernos de Cristianismo y Sociedad,* Año 1, No. 3, julio de 1974, Buenos Aires.

[12] Kurt Rudolf Mirow, *A Dictadura dos Carteis—Anatomia de Subdesenvolvimento*, Rio de Janeiro, Civilizaçao Brasileria, 1978, pág. 59 ss.
[13] Michael Harrington, *The Vast Majority: A Journey to the World's Poor*, New York, Simon & Schuster, 1977.
[14] Harrington, *Christianity and Crisis*, Vol. 37, No. 15, 3 de Octubre 1977, pág. 217.
[15] Harrington, *ibid*, pág. 217.

Capitulo Cuatro
[1] "DINA'S Children: A Verdict in the Leterlier Case." *Time*, 26 de Febrero 1979.
[2] *Presencia*, La Paz, Bolivia, cables de AP y IPS, 9-10 de diciembre 1978.
[3] Dorothee Sölle, "To Love Means Not To Hide," *The Christian Century*, Vol. 95, No. 28, 13 setiembre 1978, págs. 824-828.
[4] Sölle, págs. 824-828.
[5] McEoin, op. cit., pág. 184 ss.
[6] McEoin, ibid, pág. 184 ss.
[7] McEoin, ibid, pág. 184 ss.
[8] Charles Antoine, *Church and Power in Brazil*, Maryknoll, New York, Orbis Books, 1973.
[9] *Cuadernos de Cristianismo y Sociedad*, Nos. 35-36, Buenos Aires, julio-agosto 1979, págs. 13-48. (Tambien: *Repression of the Church in Brazil*, CEDI, Rio de Janeiro, diciembre 1978)
[10] *La Masacre del Valle*, Comisión Justicia y Paz, La Paz, 1974, ed. mimeografiada.
[11] Joseph Comblin, *A ideologia de Segurança Nacional*, Rio de Janeiro, Civilização Brasileira, 1970, pág. 197 s.
[12] *The Catholic Agitator*, Los Angeles, abril, 1976. La carta se recibio en febrero 1976.
[13] *Le Monde Diplomatique*, setiembre 1977.
[14] Elaine Magalis, "Murder in Argentina," *The Christian Century*, 9 noviembre 1977, págs. 1030-1033.
[15] Véase: Audiencias en el Congreso de los Estados Unidos, Subcomité de Relaciones Internacionales, 1976-77.
[16] Ibid.
[17] "Cartas de Rodolfo Walsh a la dictadura militar argentina, *"América Latina: Derechos Humanos*, No. 3, México, Cencos, A.C., 1977, págs. 8-15.
[18] *América Latina: Derechos Humanos*, No. 3, pag. 89 ss.
[19] Gabriel García Márquez, *Alternativa*, Bogotá, 12-19 de setiembre 1977, pag. 16 ss. (citado también en Documentos 3, Prisa, San Juan de Puerto Rico.
[20] *La Razón*, Buenos Aires, 12 de junio 1976.
[21] *Contacto*, diciembre 1976, pág. 21.
[22] Comblin, op. cit., pág. 197 ss.
[23] Véase: A. M. Schlesinger, *The Imperial Presidency*, Boston, Houghton Mifflin Co., 1973; Richard Smoke, *The National Security Affairs* (Vol. 8, *International Politics*, de *The Handbook of Political Science*, ed. Fred I. Greenstein y Nelson W. Polsby, Reading Mass., Addison-Wesley, 1975, págs. 247-362); Robert Borosage, "The Making of the National Security State," en *The Pentagon Watchers*, Garden City, New York, Doubleday, 1970; R. Avon,

Imperial Republic: The United States and the World, 1945-1973. Englewood Cliffs, New Jersey, Prentice-Hall, 1974.
[24] R. Barnet, *Roots of War,* New York, Penguin Books, Inc., 1973.

Capítulo Cinco
[1] Friedrich Engles, *El Origen de la familia: la propiedad privada y el Estado,* New York, Pathfinder Press of New York, 1972.
[2] *Si me permiten hablar. . .,* Noema Vizzer, ed., México, Siglo XXI, 1977, págs. 216-230.
[3] Ibid., pág. 42.
[4] Dorothee Söllee, op. cit.
[5] Wilson T. Boots, "Four Women Confront a Nation, *"Christianity and Crisis,* 1 de mayo 1978.
[6] "Machismo estilo criollo," LADOC, Washington, D. C., junio 1975, págs 12-19.
[7] Germaine Tillion, *Le Harem et Les Cousins.*
[8] Mario Montaño Marañón, "Patriarcado y matriarcado en la sociedad chola, *"El País Machista,* La Paz, 1977, págs. 194-200.
[9] Esther Vilar, *El varón domado,* México, Grijalbo, 1973.
[10] Vilar, Ibid., págs. 16-19.

Capítulo Seis
[1] Orlando E. Costas, *Theology of the Crossroads in Contemporary Latin America,* Amsterdam, Rodopi, 1976, cap. IV, págs. 86-102.
[2] *Deudores al mundo,* UNELAM, Montevideo, Uruguay, 1969, pag. 18, 50.
[3] *Ecumenical Review,* julio 1970, Emilio Castro, *Amidst Revolution,* Belfast, Christian Journals Limited, 1975, págs. 80-99.
[4] John Eagleson, ed., *Christians and Socialism,* Maryknoll, New York, Orbis Books, 1975.
[5] Véase "Evangelismo y el mundo," por René Padilla, "Evangelismo y la búsqueda humana de libertad, justicia y plenitud," por Samuel Escobar, y "Respuesta a Lausana" o "Teología e implicaciones del discipulado radical" en J. D. Douglas, ed., *Let the Earth Hear His Voice,* Minneapolis, Minnesota, World Wide Publications, 1975, pags. 116-146; 303-326; 1294-1298. También véase Las publicaciones de la Hermandad Teológica Latinoamericana, *Fe Cristiana y América Latina Hoy* y *El Reino de Dios y la Historia.*
[6] José Comblin, "Medellín: Problemas de Interpretación,"en PASOS, No. 24, 20 agosto 1973, pag. 3.
[7] Segundo Galilea, *Reflexiones sobre la Evangelización,* Quito, IPLA, No. 10, 1970; John Drury, *Between Honesty and Hope,* New York, Maryknoll Books, 1969.
[8] Helder Camara, *The Spiral of Violence,* Denville, New Jersey, Dimension Books, 1971.
[9] *"La Iglesia En La Transformación Actual De América Latina,"* Conferencia de Medellín, Tomo II, Conclusiones, 2:16, 14.
[10] Dean Peerman, "CELAM III: Measured Steps Forward," The Christian Century, Vol. 96, No. 12, 4 de abril 1979, págs. 373-8.
[11] Charles Antoine, *Church and Power in Brazil,* New York, Orbis Books, 1973, págs. 7,266
[12] Antoine, pág. 242 ss.

[13] D. Pedro Casaldaliga, *Creio na Justica e na Esperanca,* Rio de Janeiro, Civilizaçao Brasileira, 1978, págs. 128-138.

[14] "El Salvador: El pueblo contra el gobierno," informe del Comité de Servicio Unitario Universalista, después de una mision investigadora el 7-12 de enero 1978.

[15] Vease *Persecución de la Iglesia en El Salvador,* Paul Philibiana, Proano, CEI, Rio de Janeiro, Documento 87, setiembre 1978.

[16] Peerman, op. cit., pags. 373-8

[17] Documentos de Puebla, Nos. 87-90

[18] Documentos de Puebla, Nos. 28, 87-90, 383, 707, 733, 769, 1134, 1140.

[19] Documentos de Puebla, Nos. 1141-1152.

[20] Documentos de Puebla, 1130, 1142, 1141-1165.

Capítulo Siete
[1] Para una evaluación norteamericana de esta teología, véase *Theology in the Americas,* ed. por Sergio Torres y John Eagleson, Maryknoll, New York, Orbis Books, 1976; Robert McAffee Brown, *Theology in a New Key: Responding to Liberation Themes,* Philadelphia, Westminster Press, 1978. Obras básicas latinoamericanas son: Gustavo Gutiérrez, *Teología de la Liberación,* Salamanca, Sigueme, 1975; Juan Luis Segundo, *La Liberación de la Teología,* Buenos Aires. Véase "Introducciones": José Míguez Bonino, *Doing Theology in a Revolutionary Situation,* Philadelphia, Fortress Press, 1975; Hugo Assman, *A Theology for a Nomad Church,* Maryknoll, New York, Orbis Books, 1976.

[2] Paul Gregorios, "Proclamar Liberación," en *Poner en Libertad a los oprimidos,* Richard D. Dickinson, Ginebra: World Council of Churches, 1975, págs. 186-193; John H. Yoder, *La política de Jesús,* Grand Rapids, William B. Eerdmans Publishing Co., 1972.

[3] James Cone, *God of the oppressed,* New York, Seabury Press, 1975. Véase también a Letty Russell, *Liberación humana en una perspectiva femenina,* Philadelphia, Westminster Press, 1974.

[4] Gustavo Gutiérrez, "Praxis de Liberacion y fe cristiana," San Antonio, Texas, Centro Cultural México-Americano, 1974. Véase también *Living With Change, Experience and Faith,* ed. por A. Eigo Villanova, Pennsylvania, Villanova University Press, 1976.

[5] Beatriz Melano Couch, "Nuevas visiones de la Iglesia en América Latina: un punto de vista protestante, "*Emergent Gospel,* ed. por Sergio Torres y Virginia Febella, Maryknoll, New York, Orbis Books, 1978.

[6] Rubem Alves, *A Theology of Human Hope,* New York, Corpus Books, 1967.

[7] Nestor Paz Zamora, *Mi vida por mis amigos,* en versión inglesa, trad. y ed. por Ed. García y John Eggleson, New York, Orbis Books, 1975.